安徽师范大学学术著作出版基金资助出版（项目编号：2017XJJ86）
国家自然科学基金项目资助出版（项目批准号：71603003）
安徽省哲学社会科学规划项目资助出版（项目批准号：AHSKY2015D73）
安徽师范大学国土资源与旅游学院学科建设经费资助出版

U0746742

农村土地整治的碳效应及其应对路径研究

费罗成◎著

安徽师范大学出版社

·芜湖·

责任编辑:彭　敏
装帧设计:任　彤

图书在版编目（CIP）数据

农村土地整治的碳效应及其应对路径研究 / 费罗成著 .—芜湖:安徽师范大学出版社,2017.6

　　ISBN 978-7-5676-3007-9

　　Ⅰ.①农… Ⅱ.①费… Ⅲ.①农村—土地整理—碳循环—研究—中国 Ⅳ.①F321.1②X511

中国版本图书馆CIP数据核字(2017)第143926号

农村土地整治的碳效应及其应对路径研究
NONGCUN TUDI ZHENGZHI DE TANXIAOYING JIQI YINGDUI LUJING YANJIU
费罗成　著

出版发行:安徽师范大学出版社
　　　芜湖市九华南路189号安徽师范大学花津校区　邮政编码:241002
网　　　址:http://www.ahnupress.com/
发 行 部:0553-3883578　5910327　5910310(传真)　E-mail:asdcbsfxb@126.com
印　　刷:虎彩印艺股份有限公司
版　　次:2017年6月第1版
印　　次:2017年6月第1次印刷
规　　格:700 mm×1000 mm　1 / 16
印　　张:10.75
字　　数:187千字
书　　号:ISBN 978-7-5676-3007-9
定　　价:30.00元

前　言

　　当前,大规模的农村土地整治活动正在中国广阔的城乡空间实施,且其规模仍在持续扩大。根据《全国土地整治规划(2016—2020年)》,"十三五"期间,全国规划通过土地整治补充耕地2000万亩,通过农用地整理改造中低等耕地2亿亩左右,整理农村建设用地600万亩,改造开发城镇低效用地600万亩,土地复垦率达到45%以上。从整治类型上看,农村土地整治已经从早期的补充耕地演变为"田、水、路、林、村"多要素复合的区域性综合整治,也是乡村生产空间、生活空间和生态空间重构的过程。

　　气象学家洛伦兹说过:"一只南美洲亚马逊河流域热带雨林中的蝴蝶,偶尔扇动几下翅膀……可能在两周以后引起美国得克萨斯州的一场龙卷风"。在蝴蝶效应下,作为典型的复杂系统,土地利用系统中的微小变化都能带动整个系统长期、巨大的连锁反应。更何况中国如此大规模、大范围的农村土地整治活动,其产生的影响更是不可忽视。且随着时间的推移,其累积效应将越来越大。这种大规模的土地利用再组织过程,不仅直接改造了农村土地利用系统,也持续影响着农村地区的经济、社会、生态等多系统,正成为农村地区"山水林田湖"田园共同体中的关键变量。

　　值得注意的是,农村土地整治产生的影响是复杂且动态变化的,受到人类认知水平、社会经济发展阶段等多种因素制约,具有典型的阶段性特征。从发展历史看,早期中国农村土地整治主要关注新增耕地,强调其工具性,忽视了其造成的生态环境影响;随着可持续发展理念的传入,农村土地整治关注到水土流失、生物多样性减少等生态环境影响,但仍局限在传统生态系统服务之中。当前,随着全球气候变化讨论的深入,固碳作为重要的生态系

I

统服务开始得到世界各国关注,但却没有在农村土地整治的生态环境影响中得到反映。为此,从动态发展轨迹看,农村土地整治的目标需要因地、因时制宜地走向多元化,最终推动土地整治向更高阶段发展。

工业革命以来,大量新技术、新科学改变着社会发展,人类进入了一个不同于过往任何一个时代的新时代。但在新时代背景下,人类发展不仅有着巨大的机遇,也面临着极端的挑战。全球气候变化、极端天气频繁等问题正越来越影响着可持续发展,成为全球不得不共同面对的挑战。为了应对全球气候变化问题,一般可以采用主动的"减缓"或者被动的"适应"两种途径。现阶段看来,"减缓"的可能性主要在于能源革新与土地利用变化两个方面,其中新能源的推广需要经济、技术、时间等方面支持,而土地利用变化的减缓潜力更为巨大、释放更为简便。中国农村土地整治规模大、范围广,是农村地区典型的土地利用变化活动,显然具备巨大的减缓潜力,应该是未来中国符合国情特征的本土化全球气候变化应对路径。

没有理论指导的事业发展是盲目的。在全球气候变化背景下,农村土地整治的生态环境影响需要考虑固碳服务,同时农村土地整治引导的土地利用变化也是中国"减缓"气候变化的重要应对路径。然而,当前中国农村土地整治的政策设计和实践管理还未考虑到碳效应,亟需开展理论探索和政策设计。也即,中国如此大规模的农村土地整治,是否会对区域固碳减排产生影响呢?如果产生影响,那这种影响是正向影响还是负向影响呢?又该如何应该对这种影响呢?

在国内外相关研究基础上,本书提出"农村土地整治碳效应"的研究问题,并最终提出"农村土地整治的多元化目标(在农村土地整治既有目标体系下实现固碳新目标)"的构想。根据"理论初判—实证检验—实践应对策略—顶层政策设计"的逻辑框架,本书首先基于农村土地整治的实施流程,在理论初判农村土地整治碳效应后,提出两套农村土地整治过程的碳效应估算体系,并以长兴县林地开发耕地案例实证检验了农村土地整治的碳效应;然后,基于农村土地整治的碳效应事实,提出农村土地整治的固碳新目标,并从"碳减排"和"碳固定"两个方向提出应对策略,以实现"减少一切不必要的碳排放、增加一切可能的碳固定"的目标;最后,借鉴生态补偿政策,构建农村土地整治的碳补偿交易体系,激发农村土地整治碳汇交易市场,改进农村土地整治的管理体系,实现农村土地整治的资金补偿。

具体研究内容如下:

1.农村土地整治碳效应的理论初判

基于农村土地整治的项目流程逻辑,从农村土地整治的土地利用结构碳效应、工程措施碳效应、农田管理碳效应三个方面对比分析项目的碳效应,理论揭示农村土地整治将直接影响项目区碳库的事实。

2.农村土地整治碳效应的实证检验

从陆地生态系统碳库计量方法出发,基于不同的估算精度和成本要求,提出基于抽样调查的实验室测定估算方法和基于元分析的碳密度估算方法两种农村土地整治碳效应的估算方案。选取长兴县林地开发耕地项目为研究案例,采用基于元分析的碳密度估算方法来定量化估算项目的土地利用结构碳效应,以验证前述理论初判。

3.农村土地整治的固碳策略

从农村土地整治碳效应的事实出发,提出农村土地整治的固碳新目标。基于农村土地整治的实施流程逻辑和碳效应来源,提出农村土地整治的“碳减排”和“碳固定”策略,着重从项目区筛选、工程施工、农田管理等方面加以分析,以实现“减少一切不必要的碳排放、增加一切可能的碳固定”的目标。

4.农村土地整治的政策创新

考虑到固碳服务的生态属性,借鉴生态补偿政策,分别从负向碳效应和正向碳效应两个维度提出农村土地整治的碳补偿政策设计,以推动农村土地整治的碳汇交易,转变农村土地整治的治理结构。具体来说,从农村土地整治的现实困境出发,提出农村土地整治碳补偿交易体系的必要性,初步厘清碳补偿的主体、标准、方式等框架,最终构建以“新增耕地指标”和“碳汇指标”为双核心的农村土地整治市场交易体系,实现耕地保护和生态保护的双赢。

值得特别指出的,在生态文明建设的新形势下,农村土地整治的碳效应应运而生,理应成为农村土地整治的目标体系之一。但是,在农村土地整治的战略层面,也要警惕从"经济至上主义"走向"生态至上主义"。根据马斯洛的需要层次理论和生态心理学思想,人的需要是从初级的生理性需要向高级的社会性需要发展,其递进关系在一定程度上符合"金字塔"模型。在生产、生活和生态建设过程中,部分地区农民可能优先考虑生产方便性和生活舒适性,如偏爱水泥硬质路面、预制板衬砌的渠道,对低碳型田间道路和材料有排斥心理等。因此,在倡导考虑农村土地整治的碳效应及其政策设计时,要有序推进,充分尊重农民需要层次和个人意愿,不能跨越阶段地强制推动,严防出现"生态至上"的另一极端。

目　录

1　绪　论

1.1　研究背景

1.1.1　气候变化是影响全球可持续发展的共同挑战

工业革命以来,大量新技术、新科学改变着人类的生活,人类进入了一个不同于过往任何一个时代的新时代。但在新时代背景下,人类发展不仅有着巨大的机遇,也面临着极端的挑战。近年来,全球气候变化问题正成为世界各国政府和学界共同关注的话题,全球气候变化、极端天气频繁等已经危及着全人类的生活。温度升高、降水模式改变、海平面上升等现象,不仅是当今世界讨论的热点问题,而且也是直接影响自然生态系统(例如,森林、草原和湿地等)和各国社会经济系统(例如,食品生产、渔业及沿海地区生活)的主要因素(Ravindranath & Ostwald,2009)。联合国政府间气候变化专门委员会(*Intergovernmental Panel on Climate Change*,IPCC)的研究报告指出:长远地看,气候变化将严重影响淡水的供应量、食品和森林产品的生产量,甚至会阻碍发达国家与发展中国家的经济发展(IPCC,2007)。

二氧化碳作为主要的温室气体,其浓度在工业革命后日趋增加,对全球气候变化有着重要影响。据观测,1750—2005年,大气中二氧化碳浓度史无前例地增加了36%(Ravindranath & Ostwald,2009)。英国《自然·气候变化》杂志根据多国研究人员的合作研究结果指出:2010年全球源于化石燃料、毁林和土地利用等各方面的碳排放量首次达到100亿吨(黄堃,2011)。在碳排放日益增加的背景下,全球气候变化正越来越影响着可持续发展,已经成为全球不得不共同面对的挑战。

1.1.2 土地利用变化是影响气候变化的关键因素

全球气候变化是各种因素综合作用形成的,既可能是自然的内部进程,也可能是外部强迫或者人为地持续改变大气和土地利用的结果。在人为因素中,主要是工业革命以来的人类活动特别是发达国家工业化过程中的人类活动引起的。其中,化石燃料燃烧、毁林和土地利用变化等人类活动是导致大气中温室气体浓度增加、全球气候变化的主要原因。据估计,全球土地利用部门排放的二氧化碳已经从1970年的63.5亿吨增加到2004年的95亿吨,年均增加1.26亿吨(Ravindranath & Ostwald,2009)。因为土地利用、土地利用变化,1870年之前造成全球碳损失估计在45～114 Pg(1Pg=10^{15}g)C(平均79.5 Pg C),1870—2014年造成碳损失则在108～188 Pg C(平均148 Pg C)(Sá, et al.,2016)。可以发现,土地利用变化已经成为重要的碳排放源。

为了应对全球气候变化问题,一般可以采用"减缓"或者"适应"两种途径。其中,"减缓"主要指通过人为干扰减少温室气体排放量,或者增加温室气体沉降量(固定量);"适应"则是指调整自然与人类系统使其适应实际和预期的气候变化以及受气候变化影响的自然、社会经济系统。现阶段看来,"减缓"的可能性主要在于能源革新与土地利用变化两个方面。新能源的推广需要经济、技术、时间等方面的支持,而土地利用变化的减缓潜力巨大,释放更为简便。不同土地利用类型之间的转变,将伴随着碳交换,影响着碳循环。综上所述,土地利用变化是主要的碳排放源,其减缓潜力又十分明显。在此背景下,通过合理的土地利用变化可以有效控制温室气体排放,对全球气候变化发挥关键作用。

1.1.3 农村土地整治是中国重要的土地利用活动

近年来,国家加大土地整治投资力度,年投资额约1000亿元,大规模推进土地整治(吴次芳等,2011)。根据《全国土地整治规划(2016—2020年)》，"十三五"期间,全国规划通过土地整治补充耕地2000万亩,通过农用地整理改造中低等耕地2亿亩左右,整理农村建设用地600万亩,改造开发城镇低效用地600万亩,土地复垦率达到45%以上。可以说,中国农村土地整治正以其前所未有的项目规模、推广范围和投资力度成为土地资源管理领域的重要议题和社会关注的焦点,并持续深入影响农村地区经济、社会、文化的发展(罗文斌和吴次芳,2014)。

早期的农村土地整治主要以新增耕地指标为主要目标,表现为其他土地利用类型转换为耕地,表现为项目区土地利用结构的直接改变。发展至今,我国农村土地整治已演变为既包括农田、村庄、工矿用地及闲置未利用地的专项整治,也包括"田、水、路、林、镇、村、宅"多要素复合的区域性综合整治(刘彦随,2011)。这一阶段的农村土地整治,不仅表现为土地利用结构的变化,还表现为人工干预下的土地质量更新,是乡村生产空间、生活空间和生态空间重构过程。但是,不论何种形式的农村土地整治,不可避免地都会对项目区土地利用和土地利用系统产生重要影响。

1.1.4　农村土地整治的碳效应不可忽视

值得注意的是,在国家推进生态文明建设和全球气候变化的新形势下,如此大规模的农村土地整治活动对农村生态环境的影响将显得尤为重要。作为典型的土地利用活动,农村土地整治项目联系着人类系统和自然系统,对自然界的碳循环过程有直接影响。然而,现阶段土地整治过程中工具理性思想仍然严重(吴次芳等,2011),虽然逐渐认识到土地整治对生态环境造成的一系列影响,但受经济发展、社会发展、技术水平等局限,土地整治项目规划设计和施工时更多地仍停留在水土流失、环境污染、景观格局等方面,项目实施的碳效应尚未得到实践重视。

目前学术界对农村土地整治的碳效应研究还不够深入,仅有少数学者进行了有益探索(张庶等,2016),关注到土地整治造成的土壤碳含量变化(谭梦等,2011)及其生态补偿政策设计(钟学斌等,2006)等内容,但由于农村土地整治复合了项目区自然条件和社会条件、土地利用结构变化、工程施工扰动等多种因素,其对项目区造成的碳效应也十分复杂,有必要加强研究。

基于以上研究背景,本书试图回答"农村土地整治的碳效应是什么? 如何在农村土地整治既有目标体系下实现固碳新目标?"的科学问题,以实现农村土地整治工作和固碳减排工作的双赢,推动农村土地整治目标体系的多元化,创新农村土地管理政策。具体来说,从农村土地整治的实施流程逻辑出发,分别从理论和实证角度揭示农村土地整治对项目区造成的碳效应,进而提出农村土地整治的固碳目标和策略,最后建构农村土地整治的碳补偿交易体系来对既有农村土地整治政策进行反馈和修正,以推动农村土地整治向更高阶段发展。

1.2　研究目的与意义

1.2.1　研究目的

农村土地整治会对项目区生态环境产生明显影响,其造成的水土流失严重、生物多样性锐减、土壤环境污染等生态问题已经得到广泛关注。然而,固碳服务作为项目区的重要生态系统服务,却尚未得到重视。在全球气候变化日益严峻的今天,固碳作为实现气候变化减缓的重要手段,更应该得到关注。本书试图分析农村土地整治的碳效应,并探讨农村土地整治过程中的碳减缓、碳固定等固碳策略,以实现农村土地整治"目标的多元化、政策的动态化"。

1.2.1.1　探讨农村土地整治的碳效应

农村土地整治过程是否会影响项目区碳库? 这一问题是微观层面的土地利用变化与气候变化之间相互关系的反映。本书尝试将碳循环概念引入农村土地整治过程中,以项目区碳库储量变化为分析框架的核心脉络,从理论、实证角度分析农村土地整治的碳效应。

1.2.1.2 探讨农村土地整治的固碳策略

农村土地整治的碳效应存在复杂性,可能会造成项目区碳库减少,也可能会造成项目区碳库增加。鉴于农村土地整治目标的多元化,在全球气候变化背景下,有必要新增农村土地整治的固碳目标,以实现农村土地整治和固碳减排的双赢。具体来说,本书尝试在保障农村土地整治的既有目标之外,顺应时代发展的要求,新增农村土地整治的固碳目标,并着重从碳减排(减少一切不必要的碳排放措施)和碳固定(增加一切可能的碳沉降措施)两个方面探讨实现策略。

1.2.1.3 探讨农村土地整治的政策创新

碳效应视角下的农村土地整治新增了固碳的目标,是否需要改进现有管理政策?为了"使市场在资源配置中起决定性作用和更好发挥政府作用",借鉴生态补偿体系和新增耕地指标交易体系,本书提出农村土地整治的碳补偿交易体系,既实现农村土地整治过程碳库平衡的目标,又通过碳汇交易进一步激励农村土地整治的创新,实现耕地保护和生态保护的有机结合。

1.2.2 研究意义

1.2.2.1 有利于丰富农村土地整治和固碳减排的研究体系,具有一定理论意义

在全球气候变化的大背景下,土地利用变化对碳循环的影响成为了各国政府、学者关注的重点。但现有碳循环研究尺度仍以洲际、国家、区域等大尺度研究为主,微观层面上的相关研究较少;研究方法仍主要以经验模型、遥感模型、过程模型、IPCC清单调查法等为主,侧重于宏观尺度上的估算。微观尺度研究的缺少使整个碳循环体系并不完整,也不利于准确把握土地利用变化和碳循环变化之间的相互作用关系。农村土地整治这一"项目"层级的土地利用变化对碳循环影响更为细微,其对应的固碳措施也更易于操作,是现有固碳减排研究体系的有力补充。

当前,农村土地整治的生态环境影响体系中,主要关注农村土地整治项目对水土保持、生物多样性、土壤污染等生态系统服务的影响,缺少对固碳

服务影响的研究,不利于生态环境影响评价的全面性和动态性。随着全球气候变化日益严峻,固碳服务正显示出重要作用,成为生态系统服务主要类型之一。从碳循环视角重新审视农村土地整治过程,可以完善土地整治的生态环境影响评价体系,推动农村土地整治走向多元化道路。

1.2.2.2 有利于完善农村土地整治政策,具有一定现实意义

农村土地整治作为优化土地利用结构、提升土地集约利用水平、稳定耕地保有量的重要手段,是中国土地管理政策中的重要一环。受发展阶段和价值目标导向影响,20世纪90年代农村土地整治工作全面开展以来,其追求的目标和政策体系处于不断变化中。从早期的新增耕地目标到当前的土地价值(经济价值、社会价值和生态价值)的最大化,土地整治越来越成为优化国土空间格局、建设土地生态文明的重要措施。但是,随着易于整治区域减少、投资成本增加、新增耕地减少、群众意见不一等现实问题出现,农村土地整治的吸引力越来越少。各地政府更多地是落实上级下达的土地整治任务,导致很多项目实施效果与人民群众期望之间存在一定差距,甚至产生纠纷现象。可以说,农村土地整治正进入一个发展瓶颈期,因此也对我国农村土地整治管理政策提出了新的要求。

农村土地整治目标的多元化为土地整治管理政策创新提供了新的视角。重视农村土地整治的碳效应、落实农村土地整治的碳补偿交易,不仅可以重新发现一些具有新整治价值的重要区域,也可以在新增耕地指标之外获取到大量的碳汇交易指标,从而提高农村土地整治的综合效益。一旦农村土地整治效益大幅度增加,将推动地方政府主动进行农村土地整治、吸引人民群众自发地从下而上支持农村土地整治项目,从而实现耕地保护、生态保护、农村保护的有机结合。即,多元化的农村土地整治目标,可以将当前自上而下落实任务的农村土地整治管理体系转变为政府实施和群众自下而上参与的治理体系。

1.3　研究内容、方法与技术路线

1.3.1　研究内容

在国内外相关研究基础上,本书提出"农村土地整治的碳效应"的研究问题,并最终提出"农村土地整治的多元化目标(在农村土地整治既有目标体系下实现固碳新目标)"的构想。首先,基于农村土地整治的实施流程逻辑,在理论初判农村土地整治碳效应后,提出两套农村土地整治碳效应估算体系,并以林地开发耕地案例实证检验了农村土地整治的碳效应。然后,基于农村土地整治的碳效应事实,提出农村土地整治的固碳新目标,并从碳减排和碳固定两个方面提出相应策略,以实现"减少一切不必要的碳排放、增加一切可能的碳固定"的目标。最后,借鉴生态补偿政策体系,构建农村土地整治的碳补偿交易体系,激发农村土地整治碳汇交易市场,改进农村土地整治的管理体系。

具体研究内容如下:

1.3.1.1　农村土地整治碳效应的理论初判

基于农村土地整治的项目流程逻辑,从农村土地整治的土地利用结构碳效应、工程措施碳效应、农田管理碳效应三个方面,对比分析项目的碳效应,理论揭示农村土地整治将直接影响项目区碳库的事实。

1.3.1.2　农村土地整治碳效应的实证检验

从陆地生态系统碳库计量方法出发,基于不同的估算精度和成本要求,提出基于抽样调查的实验室测定估算方法和基于元分析的碳密度估算方法两种农村土地整治碳效应的估算方案。选取长兴县林地开发耕地项目为研究案例,采用基于元分析的碳密度估算碳库体系来定量化估算项目开发前后土地利用变化造成的碳效应,以验证前述理论初判。

1.3.1.3 农村土地整治的固碳策略

从农村土地整治碳效应的事实出发,提出多元化体系下农村土地整治的固碳新目标。基于农村土地整治的实施流程逻辑和碳效应来源,提出农村土地整治的碳减排和碳固定策略,着重从项目区筛选、工程施工、农田管理等方面加以探索,以实现"减少一切不必要的碳排放、增加一切可能的碳固定"的目标。

1.3.1.4 农村土地整治的政策创新

考虑到固碳的生态系统服务属性,借鉴生态补偿政策理念,提出农村土地整治的碳补偿政策创新,推动农村土地整治的碳汇交易,转变农村土地整治的治理结构。具体来说,从农村土地整治的现实困境出发,提出农村土地整治碳补偿交易体系的必要性,初步厘清碳补偿的主体、标准、方式等框架,最终构建以新增耕地指标和碳汇指标为核心的农村土地整治市场交易体系。

1.3.2 研究方法

1.3.2.1 对比分析法

对比分析法是把客观事物加以比较,以达到认识事物的本质和规律,并做出正确的评价的方法。该方法贯穿于全文之中,主要有:项目开发前后的碳库储量对比,基于抽样调查的实验室估算碳库体系与基于元分析的碳密度估算体系的对比,不同立项选择、施工过程、管护政策对项目区碳库影响的对比,碳补偿与生态补偿的对比,等等。

1.3.2.2 IPCC碳库估算法

作为IPCC推荐的碳库计量方法,IPCC碳库估算法具有广泛应用性。本书借鉴IPCC碳库估算法,将项目区碳库分解为地上生物量、地下生物量、枯落物和枯死木碳库、土壤有机碳库等,为后续碳库估算奠定了研究基础。

1.3.2.3 元分析方法

元分析(Meta-analysis)方法是对众多现有实证文献的再次统计,以多个独立研究来展现整体研究趋势。本书运用元分析方法综合了全国范围有关林地、耕地的碳库研究,构建了不同气候区、不同树种、不同农作物之间碳密度估算碳库体系,提供了快速估算林地开发耕地碳效应的途径。

1.3.2.4 案例研究法

案例研究作为社会科学领域的主要研究方法之一,与调查法、实验法并列为实证研究的重要方法。Robert 认为,案例研究可以以"展现证据"作为解决问题的起点,也可以以"提出假设"作为,研究的开始(Robert K Y,2010)。本书选用浙江省长兴县林地开发耕地项目为研究案例,定量化估算林地开发耕地过程中的碳效应,从实证角度为理论初判提供验证。

1.3.3 研究技术路线

本书在国内外相关文献回顾基础之上,首先展开农村土地整治的碳效应分析:基于农村土地整治的实施流程逻辑,在理论初判农村土地整治碳效应后,提出两套农村土地整治碳效应估算体系,并以长兴县林地开发耕地案例实证检验了农村土地整治的碳效应。然后,基于农村土地整治的碳效应事实,提出农村土地整治的固碳新目标,并从碳减排和碳固定两个方面提出相应策略。最后,借鉴"碳中和"与"生态补偿"理念,提出农村土地整治的碳补偿交易体系,并分别从负向碳效应和正向碳效应两个维度提出相应的碳补偿政策。具体技术路线见图1-1。

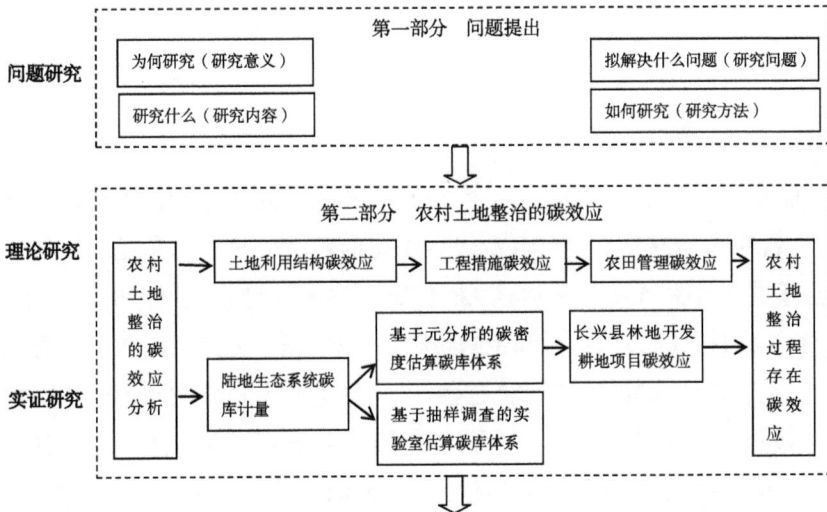

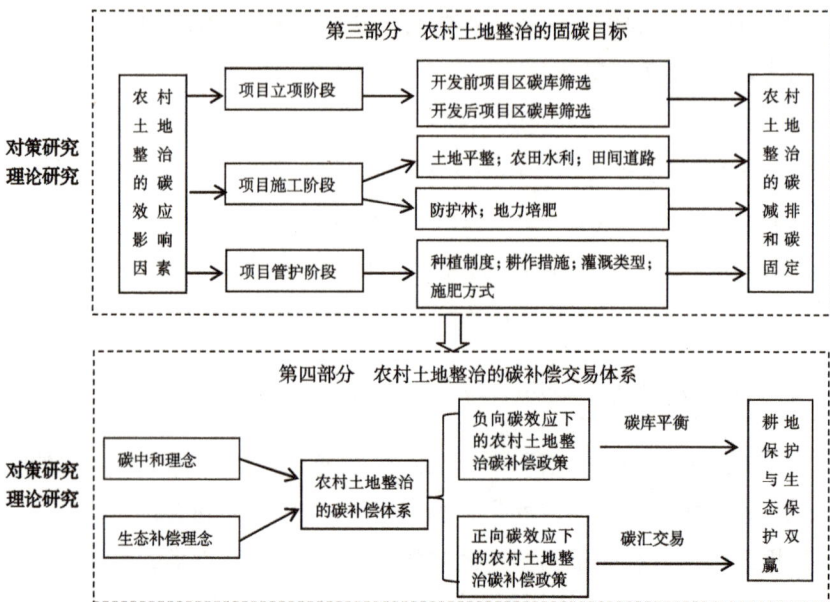

图 1-1 研究技术路线

1.4 核心概念和研究尺度界定

1.4.1 碳循环

碳是地球上最为重要的生命要素,同时也是地球上最为重要的地球化学要素,在地球演化和生命起源过程中扮演着十分重要的角色。所谓碳循环是指碳素在大气圈与水圈、生物圈、岩石圈等地球系统圈层的迁移运动。这种运动包括在物理、化学和生物过程及其相互作用驱动下,各种形态的碳在各个子系统内部的迁移转化过程,以及发生在子系统之间的能量交换过程。碳循环是地球生物化学循环的核心内容,直接影响着人类和各种生物生存环境的稳定性。碳循环研究始于20世纪70年代,是国际科学联合会环境科学委员会发动和组织的重大研究计划;80年代,以全球变化研究为核心的国际地圈生物圈计划的诞生,进一步推动了全球碳循环的研究;90年代末至21世纪初,地球系统碳循环已成为地球科学、生物学和社会科学共同关注的主题之一(陈泮勤等,2004)。

1.4.2 碳库和碳密度

作为全球气候变化领域内的重要概念,碳库是指碳循环过程中各个系统所存储碳的总量。地表中存在五个主要碳库:海洋碳库、地质碳库、土壤碳库、大气碳库和陆地生物质碳库。其中,土壤碳库、陆地生物质碳库与土地利用变化的关系最为密切,直接受土地利用类型转换的影响。作为微观土地利用变化的典型代表,农村土地整治过程也涉及碳库变化。

所谓碳密度,是指单位面积上的碳储量,通常用于有机碳,如植物碳密度、土壤有机碳密度等。其中,植物碳密度主要取决于植物光合作用和呼吸作用平衡后固定产生的有机物,土壤有机碳密度主要取决于土壤有机碳输入和分解之间的平衡。为此,不同种类、不同地区的植物碳密度和土壤有机碳密度存在差异性。

碳库反映碳储量总和,碳密度则是碳储量的单位值。因此,在确定研究面积后,就可以将碳密度转换为碳库,建立两者之间的换算关系。

1.4.3 研究时间尺度

不同的时间尺度,研究的结果可能发生变化,因此清晰的时间尺度界定是研究结论成立的前提。本书着重关注农村土地整治行为对项目区碳库的影响,不考虑长期变化情况,为此将研究时间尺度限定为项目开发周期。在项目开发周期内,项目区由于土地平整工程的缘故,形成一次性碳库损失;项目区开垦为耕地后,由于大部分农作物的轮作种植周期是1年,其碳库估算时间就以开发后1年为研究时间范围。

值得注意的是,农村土地整治项目区新增耕地后,随着耕作时间的推移,项目区农田碳库可能会有上升。虽然农田植被碳库由于每年的轮作收获,差异并不明显,但农田土壤有机碳库可能随着耕作活动而发生变化。多年生农作物的种类不多,但其碳库随生长时间变化而发生复杂的变化。为此,将多年生农作物列入本书研究范围之外,其植被碳库和土壤有机碳库的变化需要进一步展开相关研究。

1.4.4 研究空间尺度

由于地域分异规律的存在,全国各地的气候、森林、农作物、土壤等呈现规律性变化,不同地区的项目区碳库存在明显差异。为此,在估算项目区碳库变化时,应以项目区边界作为估算尺度,这也是本书确定的研究空间尺度。

当然,鉴于本书以提出中国农村土地整治政策创新为研究目标,在政策讨论部分仍需扩展到全国尺度。在具体研究过程中,需要考虑全国各地的不同情况,构建出全国范围适用的农村土地整治政策。但是,在应用估算体系分析农村土地整治造成的项目区碳效应时,还是以项目区为空间尺度。

2 国内外研究现状

本书研究思路是从"农村土地整治可能造成生态环境破坏"的判断出发,基于农村土地整治前后的碳库变化来探讨其造成的碳效应和对应的碳减排和碳固定策略,最后提出以碳补偿交易体系为核心的农村土地整治政策创新。根据上述研究思路,文献综述部分首先梳理了土地整治与生态环境影响方面的相关研究,为本书提供研究背景;随后梳理国内外关于碳效应与碳减排方面的相关研究,为农村土地整治的碳库估算和碳减排策略分析奠定研究基础;最后梳理碳补偿与生态补偿方面的相关研究,为碳补偿交易体系构建提供借鉴。因此,本书文献综述部分主要分为土地整治与生态环境影响的相关研究进展、碳效应与碳减排的相关研究进展、碳补偿与生态补偿的相关研究进展三部分,并以此分析本书选题的切入点。

2.1 土地整治与生态环境影响的相关研究进展

人类生存于地球,从自然环境中不停地获取所需要的基本物质资料。早期人类主要是本能地利用自然,采集和捕食所必须的生活物资,并最终反馈给自然环境,人类的生活融于自然界的食物链之中。此时,人类活动与生态环境是处于原始状态的协调之中。后来,人类利用简单的工具开始了自觉改造自然的活动,但是由于生产方式具有一定的天然性,总体上来说生态环境与经济活动还是协调发展的(秦格,2011)。随着工业革命的兴起,人类社会进入了一个向自然大量索取的工业化社会。大量自然资源被开发利用,使得地球各圈层之间产生强烈的物质流和能量流,违背了自然生态系统原有的运行规律;同时,工业技术带来的大量物质材料,已经不可融于自然生态系统,超过了地球本身的调节能力,打破了地球原有的生态平衡。

土地整治在工业革命技术的推动下也发生了巨变。早期人类土地整治处于初步利用,对生态环境影响是有限并可逆的;但随着新技术和新材料的出现,原有的自然生态系统平衡被打破,生态环境处于不断恶化的状态。在理性范式的演化史上,随着自然科学的发展与工业革命的兴起,工具理性逐步占据了主流思潮并走向独断,土地整治也不例外(吴次芳等,2011)。"人定胜天"等思潮的出现,进一步加剧了人类改造自然的活动。然而,暂时的经济发展并不能掩盖生态环境恶化的现实,土地整治造成的生态环境问题也逐渐受到重视,成为人类理性的反思。

2.1.1 国外相关研究

2.1.1.1 生态环境问题提出的背景

国外对于土地整治与生态环境影响相关研究开始于人类对自然生态环境的反思,是一个长期演进过程。随着现代环保运动和可持续发展思想的兴起,土地整治对生态环境的影响逐渐受到重视。在二战结束后的西方社会,伴随着经济快速增长的是日益严重的环境问题。美国的公共政策中原本没有"环境"这一款项,但1962年美国的蕾切尔·卡逊编写的 Silent Spring(《寂静的春天》)拉开了美国乃至全球的现代环保运动(Rachel,2003)。书中通过大量的环境污染案例,告诫环境问题若不解决,人类将"生活在幸福的坟墓之中",指出"控制自然"是一个妄自尊大的想象产物,是当生物学和哲学还处于低级幼稚阶段时的产物(蕾切尔·卡逊等,2004)。1968年,新成立的罗马俱乐部成为最早关注并研究人类发展与生态危机的国际组织。1972年,受罗马俱乐部的委托,以麻省理工学院丹尼斯(Dennis L M)为首的研究小组提交了俱乐部成立后的第一份研究报告——《增长的极限》。该研究报告阐明了资源与人口之间的基本联系,强调环境的重要性,提出"合理的、持久的均衡发展",成为可持续发展思想的萌芽(Dennis,1974)。1983年12月,联合国成立了世界环境与发展委员会(*World Commission of Environment and Development*, WCED),并于1987年出版了《我们共同的未来》,首次提出了"可持续发展"的概念,将环境与发展紧密地结合在一起。1992年,联合国环境与发展大会通过了《里约宣言》《21世纪议程》《关于森林问题的框架声明》等三个纲领性文件,签署了《生物多样性公约》和《气候变化框架公约》等,体现了国际社会对可持续发展思想达成了共识,环境与发展成为人类共同关注的焦点。

2.1.1.2 土地整治的发展阶段及其生态环境影响

在全球可持续发展的反思下,土地整治对生态环境的影响也得到关注。土地整治涉及土地利用变化,其对生态环境影响开始于土地利用变化对生态环境影响的研究。早在1989年3月,欧洲就组织了"欧洲的土地利用及其对环境的作用——欧洲农村地区景观的变化比较研究"课题,研究了土地利用变化对生态环境的作用,包括土地利用变化对生物多样性、水污染和土壤侵蚀等方面的影响(Kroenert, et al., 1999)。同时,国际研究热点的土地利用/覆被变化(*Land-Use and Land-cover Change*, LUCC)对生态环境影响也有众多研究。在区域土地利用/覆被变化研究中,模拟土地利用/覆被变化及其在不同时空尺度下对生态环境的影响就是一项重要的研究内容(William, et al., 1994)。

从国外土地整治发展历程看,其对生态环境影响的研究深受全球环保运动和可持续发展思想的影响。土地整治概念起源于中世纪欧洲,此后,德国、法国、荷兰、加拿大等国家都有相关表述。从发展历程上看,总体上可以划分为四个阶段:

第一阶段:16世纪中叶至19世纪末,土地调整阶段。此阶段属于土地整治初级阶段,主要是有组织、有规划地归并地块,调整土地权属,改善农业生产条件。土地权属调整是此阶段核心内容,其对生态环境影响有限。

第二阶段:20世纪初至20世纪50年代,土地工程整理阶段。随着城市化和工业化的迅猛发展,欧洲各国通过实施土地整治来缓解城市用地紧张。在此阶段,主要以大量土地整治工程为核心来进行城市建设和大型基础设施建设,对生态环境产生严重负面影响。

第三阶段:20世纪60年代至20世纪末,土地开发阶段。通过土地整治推动整个区域发展,以土地开发带动区域开发。随着环境与发展问题逐渐受到重视,此阶段土地整治重点是促进地区经济发展,保护和改善生态环境,以土地发展为核心。

第四阶段:21世纪初至今,乡村开发阶段。通过"田、水、路、林、村"的联合整治,以土地整治为手段来促进乡村发展。此阶段属于土地综合整治阶段,发展与生态并重,注重土地的综合开发整理,注重生态环境的综合治理改善。

总体上来看,国外学者对土地整治造成的生态环境影响比较关注,各国都在土地整治过程中强调生态环境保护,其中比较典型的有德国、荷兰、俄罗斯等欧洲国家。德国非常强调土地的生态利用,强调根据生态规律去利用、保护土地,特别是对土地的生态性功能进行保护(梁留科,2002)。同时,德国联邦政府颁布的《环境相容性评估法》中规定,土地整治方案都要进行环境相容性评估(高向军,2003)。荷兰在《土地开发整理条例》中明确要求在土地开发整理规划中,采取必要的措施保护土地景观。俄罗斯则积极探讨在土地生态效益评价基础上开展土地整治的方法,以求在生态和经济上形成比较科学的、最佳的土地利用布局和结构(于娜,2008)。

2.1.2 国内相关研究

2.1.2.1 土地整治及其生态环境影响研究的发展历程

我国是世界上较早进行土地整治的国家,确切记载可以追溯到西周时期的"井田制"。春秋战国时期,伴随着生产工具的不断发明,农田水利等工程的修建,我国逐步形成了早期开发整治土地、保持水土的理论。随后历代王朝变更,王田制、屯田制、均田制等土地制度的实施都伴随着新一轮的土地整治。1949年以后,黄淮海流域开发、华北平原盐碱地改造、黄土高原水土流失治理等大规模土地整治开始实施,取得了巨大成就。1949年后的中国土地整治发展阶段可以概括为:20世纪50年代实施《中华人民共和国土地改革法》,土地整治以变更权属关系为重点;70年代全国"农业学大寨",土地整治以平整土地、合并地块、整理沟渠和道路为主,重点是农田基本建设;80

年代推行农村家庭联产承包责任制,土地整治以调整土地权属关系和改变土地利用方式为主;进入90年代,特别是1998年8月通过的《中华人民共和国土地管理法》正式提出土地开发整理概念,中国开始了以增加有效耕地面积、提升耕地质量、提高土地利用率和产出率、改善生产生活条件和生态环境为目标的现代意义土地整治(郭云开,2008;于娜,2008)。总体上看,中国土地整治的发展阶段和发展规律与国外相仿:早期以土地权属调整为主,随后以工程整理为主,现在处于土地发展阶段。

国内土地整治对生态环境的影响研究与国内土地整治发展阶段和国外相关研究进程密切相关。早期土地整治行为以生产、生活条件的整治提升为目标,"人定胜天"的思想影响广泛,忽视了其造成的生态环境影响。现代意义上的土地整治早期目标是新增耕地指标,也并未关注土地整治行为造成的生态环境影响,大型施工机械的使用还加剧了生态环境破坏程度。大规模的水土流失为人类肆意的土地整治行为敲响了警钟。同时,可持续发展思想开始深入人心,国外相关研究成果也被引入,土地整治的生态环境影响开始得到重视。如今,土地整治的目标已经被调整为实现土地价值(经济价值、社会价值和生态价值)的最大化,重视土地整治对土地生态文明建设的重要作用(《上海国土资源》编辑部,2012)。

2.1.2.2 土地整治的生态环境影响

土地整治毕竟是人类对生态系统的强烈干扰,一方面改变了地表景观结构,另一方面也使自然生态系统的组成结构、物质循环和能量流动特征发生了变化,不可避免的造成了一系列生态环境问题(付光辉,2007;叶艳妹等,2001)。土地整治首先需要对地块物理形态进行改变,其整个过程将对土壤的理化性状产生影响,速效磷、速效钾和活性有机质均会发生明显变化(叶艳妹和吴次芳,2002);同时土地整治也会影响土壤的碳循环平衡,比如显著提升旱地的固碳能力(谭梦等,2011)。土地整治对生态环境的影响还表现在景观格局变化上,土地整治促使景观分布趋于简单,不同景观类型之间演替的频度减小,景观异质程度下降,景观类型有向单一化和非均衡化方向发展的趋势,景观中各类型斑块在空间上的分布也出现非均衡化(杨晓艳等,2005)。

总体来说,土地整治会对项目区和周边区域的水文、土壤、植被、大气、生物等生态环境要素及其生态过程产生直接或间接的影响(罗明和张惠远,2002),也会对农村环境、农业生态系统产生影响(谭志海,2009;田素锋等,2004)。值得注意的是,不同的土地整治类型在不同的地区可能引发的生态环境问题也是不同的,产生的生态风险差异较大(王秀茹等,2004;魏秀菊等,2005)。比如,丘陵山区自然生态环境脆弱,易发生水土流失,在土地整治过程中就需采取合理措施来减缓生态环境影响,将经济效益同整体效益相结合(姜炳三,1994;黎帮华等,2006);黄河口三角洲土地整治的主要制约因素是洪水威胁、淡水资源紧张、土地盐碱化,在此区域进行土地整治造成的主要生态环境影响就是土地盐碱化(杜玉海和陶遵丽,2004)。

2.1.2.3　土地整治的生态环境影响减缓方向

当前土地整治项目实施决策时往往注重项目的经济效益和社会效益,忽视了人类活动对生态环境的干扰和破坏,忽视了受损生态环境的恢复、重建和保护,从而产生了危害人类生存的负效应:自然资源破坏、生态环境恶化、自然景观退化和消失等。针对土地整治会造成的生态环境问题,有必要在土地整治项目规划设计阶段进行生态风险评价(付光辉和刘友兆,2007)。为此,在土地整治项目规划方案编制阶段就应对土地整治项目产生的生态环境影响进行评价,综合考虑区域内所有土地整治项目对生态环境的协同效应、滞后效应、迭加效应、累积效应和综合效应,全面分析各个备选方案对区域生态环境的综合影响后加以优选,以保证土地整治活动的可持续性(雷广海,2009)。合理设计土地整治规划可以提升土地整治项目的自然生态正效应,对促进区域生态环境健康具有十分重要的作用(方斌等,2010)。尤其是土地整治项目中的路沟渠生态化设计,有利于原有生态系统的恢复和重建,是土地整治项目实施中提升田间生态的关键,将有效降低土地整治对项目区的生态干扰(叶艳妹等,2011a;叶艳妹等,2011b)。

2.1.2.4　林地开发耕地的生态环境影响

在现有农村土地整治类型中,林地开发耕地项目造成的生态环境影响极为明显,也因此引起了学术界和政府的关注,进而对农村土地整治的生态环境目标的形成产生了重要影响。在20世纪农村土地整治过程中,因实施成本低、新增耕地多，土地开发（林地开发、未利用地开发等）一度成为中国地方政府补充耕地的主要手段。2000—2004年陕西省土地整理4903.8公顷，土地复垦7394.9公顷，土地开发14467.2公顷，5年来土地开发几乎都在当年土地整治总面积的50%以上（党淑英和薛东前，2007）。然而，土地开发造成的水土流失、生物多样性减少、土壤污染等生态环境影响却使之进入发展困境。土地开发过程要遵循自然规律，不能盲目开发，否则会加剧生态破坏。此外，不适宜区域的土地开发不仅生态上不可行，经济上也不合算。土地开发项目不仅仅要考虑土地存在价值和生态价值的丧失，还要考虑生态环境成本以及开垦后采取水土保持、沙化防治等保护土地质量的措施成本（吴飞等，2004）。研究表明，从"经济人"的市场行为出发，北京市将宜耕后备资源开垦为耕地来种植粮食作物基本上不具经济可行性（姜广辉等，2007）。当然也不能因噎废食，由于生态环境的影响而彻底放弃林地开发耕地。在林地开发耕地的生态保护过程中，不应拘泥于恢复原有的自然生态平衡上，而应放眼于建立一种更高级的人工生态平衡，在开发中谋求相对稳定的生态平衡（文云朝，1983）。

总体上来说，国内现有研究已经关注到土地整治对项目区的生态环境影响，包括土壤质量、碳固定、农田景观等各个方面，而且相关研究已不满足于定性分析，实验测定、遥感监测等定量化手段也开始得到一系列应用。其中，通过生态系统服务价值来定量化测算土地整治对土壤造成的直接或者间接生态环境影响也得到成功运用（代光银，2009）。然而，作为生态系统服务中的重要类型，土地整治对碳循环和固碳服务的影响研究尚不够（谭梦等，2011；钟学斌等，2006），亟需进一步展开研究。在全球气候变化日益严峻和土地整治全面开展的背景下，以项目为研究视角来分析土地整治对项目区碳效应影响，可以为土地整治对生态环境影响研究拓展思路，为研究中国土地管理应对全球气候变化提供借鉴。

2.2　碳效应与碳减排的相关研究进展

全球碳循环是地球生物化学循环的核心内容,直接影响着人类的生存和其他各种生物生存环境的稳定性。然而,化石能源燃烧和土地利用等人类活动已经改变了千百万年来生物和环境协同进化而形成的碳循环平衡,导致了大气二氧化碳浓度升高和由此引起的全球气候变化等一系列全球性生态环境问题(杨景成等,2003a)。随着气候变化成为当今世界共同面对的主要生态环境问题,如何缓解气候变化带来的严重后果,推动经济社会的可持续发展成为国际社会关注的焦点问题。据IPCC研究报告指出,在过去的100年(1906—2005年)地表温度平均上升了0.74℃,而温室气体的主要成分——二氧化碳的浓度已经由2000年的368μL·L^{-1}上升到2005年的379μL·L^{-1},并且正在以每年平均0.5%的速度增加(IPCC,2007;魏小波等,2010)。

为了应对全球气候变化,国际社会先后制定了《联合国气候变化框架公约》《京都议定书》《巴厘岛路线图》《哥本哈根协议》《巴黎协议》等一系列协议,寻找固碳减排、缓解全球气候变暖的措施。在现有技术水平下,最安全的减缓战略是通过土地利用规划管理和耕作实践管理进行生物固碳(IPCC,2005)。Lal认为,大约60%~70%已损耗的碳,可通过采取合理的土地利用和管理方式重新固定(Lal,2002)。

2.2.1　国外相关研究

陆地生态系统在全球碳循环中起着举足轻重的作用,其碳贮量为2850 Pg,约是大气碳库的4倍。而在陆地生态系统中,土壤碳库约为2300 Pg,生物碳库为560 Pg(Lal,1999)。国外关于碳效应的相关研究也主要集中于陆地生态系统,侧重分析不同土地利用类型及变化对碳库的影响,尤其是对土壤碳库的影响。

2.2.1.1　土地利用与碳库变化

人类正通过不同的土地利用方式改变着局部生态系统,进而影响着全球碳收支平衡,相应地土地利用变化已经成为估测陆地生态系统碳储存和碳释放中的最大的不确定因素(King, et al., 1995；Levy, et al., 2004)。土地利用/覆被变化是除了工业化外自然生态系统的最大影响因素,土地利用/覆被类型是决定陆地生态系统碳储存的重要因素(Lambin, et al., 2001；Turner, et al., 1997)。土地利用(包括森林收获、毁林造田、退耕还林、农田管理等)和其他人类活动引起的地表变化是引起陆地与大气之间碳的交换的主要因素之一(Campbell, et al., 2000),是陆地生态系统作为碳汇还是碳源的重要影响因素。土地利用变化影响着陆地与大气之间碳迁移变化,土地利用由一种类型转变为另一种类型往往伴随着大量的碳交换(Caspersen, et al., 2000；Houghton, et al., 1999a；Pacala, et al., 2001；Tian, et al., 2003)。1850—2000 年,已有 156PgC 由于土地利用变化排放到大气中(Houghton, 2003)。在亚洲热带地区,1980年前后土地利用变化引起的碳排放量大约为区域总排放量的75%(Houghton, et al., 1999b)。

2.2.1.2　农村土地整治与碳库变化

林地开发耕地项目是项目区地表植被发生改变的农村土地整治典型项目,其碳库变化非常明显。本书以此为例揭示农村土地整治对项目区碳库的影响。林地开发为耕地的过程是典型的土地利用变化过程,将会影响项目区陆地生态系统的碳库总量。林地、耕地是林地开发耕地项目涉及的主要土地利用类型,同时也是陆地生态系统中碳贮存的主要载体。国外关于林地碳库(森林生态系统)和耕地碳库(农田生态系统)研究已有一定基础,回顾相关研究内容可以为后续研究提供借鉴。

(1)森林生态系统碳库变化

森林生态系统是最大的陆地碳库,在全球碳循环中起着至关重要的作用。森林生态系统被破坏的过程中,会导致碳的交换和释放。1850—1990年,全球由于土地利用的变化导致 124 Pg C 释放到大气中,约相当于同时期化石燃料燃烧释放量的一半,其中 108 Pg C 来自森林生态系统被破坏(Houghton, et al., 1999b)。1980—1990年,非洲地区由于土地利用/覆被变化导致热带森林地上部分碳库减少 6.6 Pg C，其中 43% 起因于森林的砍伐（Gaston, et al., 1998）。1850—1995 的 145 年中，亚洲热带地区由于森林面积减少了 173×10^6 公顷，共向大气释放了 43.5 Pg C，约为同期全球释放量（120 Pg）的 1/3（Houghton, et al., 1999b）。森林砍伐后转变为农田或牧场，地上生物量会明显降低，碳贮量也将明显减少。Detwiler 研究发现，热带森林转变为农田后碳贮量将减少 40%，转变为牧场后碳贮量将减少 20%（Detwiler, et al., 1988a; Detwiler, et al., 1988b）。

不同于地上植被碳库的直观性，森林生态系统中的土壤有机碳库影响因素众多，变化比较复杂。土壤有机碳库主要取决于土壤中碳（植物残茬）的输入与流失（有机质的分解）之间的平衡。总体上看，由于凋落物输入减少、有机质分解速度提高以及耕种措施对有机质物理保护的破坏等原因，森林转变为农田和牧场后将造成土壤有机碳快速减少。在森林转变为农田后的第 1~2 年内，表层（0~20cm）土壤碳含量降低达 25%；在森林转变为草地初期，表层土壤碳含量存在相似的变化趋势，2 年内碳损失达 21.4%，但 8 年以后，草地表层土壤碳含量恢复到转变前森林土壤碳含量水平（Moraes, et al., 1995）。同时，土壤碳库的减少与土壤遮阴、温度变化等也有关系。森林收获 3 年后，在完全暴露、半暴露和完全遮阴情况下，0~5 cm 表层土壤碳分别减少 57%、49% 和 25%，5~15 cm 表层变化趋势相同，分别减少 30%、25% 和 17%（Cunningham, 1963）。

(2) 农田生态系统碳库变化

农田生态系统也是陆地生态系统的重要组成部分，其碳库变化对全球碳循环均有显著影响。在农田生态系统中，由于农作物周期性的收获，土壤有机碳库成为农田碳库的主要组成部分，也是国外研究的关注焦点。农田土壤有机碳库的影响因素众多，但根本上受土壤有机碳输入和分解之间平衡状态决定。作物残茬输入、土壤团聚体、土壤呼吸、土壤有机质矿化等都可以影响农田土壤有机碳库。比如，土壤有机质矿化受土壤温度、湿度、透气性、pH、营养状况等土壤理化性质、有机质本身理化特性以及土壤微生物和细胞外酶的影响。在过去的两个世纪里，土壤有机质矿化导致的农田土壤碳损失已经达到了 50 Pg（Paustian, et al., 1997）。然而，在特定的气候条件和管理措施下,绝大多数永久性耕地的土壤有机质含量趋于稳定水平(Davidson, et al.,1993)。在此类长期耕种的土地上,土壤有机碳库很大程度上就受耕作、种植制度、施肥等农田管理措施的影响,这些农田管理措施也是增加农田碳库的主要途径。

2.2.1.3 农村土地整治的碳减排措施

农村土地整治过程对碳库的影响主要表现在植被碳库、枯落物碳库和土壤有机碳库等分碳库的变化之中。其中,植被碳库、枯落物碳库比较稳定,占比也不大,碳减排效果不明显。而土壤有机碳库不仅占比非常高,变化幅度也非常大,是碳减排措施的主要对象。实际上,森林砍伐并不是造成土壤有机碳库损失的主要原因(Detwiler,1986),砍伐后转变为农田、草地以及不合理的耕种才是根源。耕种30～50年后0～20 cm土壤表层有机碳损失50%,0～100 cm土层有机碳损失30%(Schlesinger,1990)。因此,通过改进和优化农田管理措施,可以减少农田土壤二氧化碳净排放,稳定甚至增加土壤有机碳贮量。

(1)农田耕作过程中,农具对土壤结构的破坏以及频繁的干—湿循环,使本来受到团聚体保护的土壤有机质得以暴露,可能会加快土壤有机质降解,进而影响农田碳贮量(Balesdent, et al.,2000)。因此,减少翻耕、机耕等耕作方式,可以有效减少碳库损失。

(2)合理的种植制度则可以减少农田生态系统碳流失,增加土壤碳贮量。温暖、湿润、养分充足的土壤有利于作物生长,增加碳输入;但同时也有利于土壤微生物活动,增加土壤呼吸,加快土壤有机碳分解。研究结果表明,频繁的夏季撂荒使土壤含水量长期保持较高水平,加剧了残茬和土壤有机碳的分解,导致土壤有机碳水平下降(Havlin, et al.,1990)。在碳输入相同的情况下,小麦—撂荒种植模式碳净损失比小麦连作高20～25 g·m^{-2}(Campbell, et al.,1992)。

(3)施用化肥可以显著地增加地上和地下生物量,增加土壤有机碳贮量。传统耕作条件下,在小麦—撂荒种植模式中,长期施用氮肥使土壤有机质增长10%(Lupwayi, et al.,1999),而30年长期研究表明,土壤有机质增长4%～6%(Campbell, et al.,2000)。但是,化肥的施用是以燃烧化石燃料向大

气释放 CO_2 为代价的,每生产 1 单位的氮肥要释放 1～1.5 单位的碳(Janzen, et al.,1998)。因此,化肥的施用对全球碳循环的影响比较复杂,不宜轻易判断。

总体上看,国外关于碳效应和碳减排方面的研究已有一定基础。现有研究已经认识到,土地利用和其他人类活动引起的地表变化是引起陆地与大气之间碳交换的主要因素之一,是影响陆地生态系统碳库变化的重要因素。在陆地生态系统中,农村土地整治涉及的森林生态系统和农田生态系统是重要的组成部分,两者之间的土地利用变化对全球碳循环具有关键影响。

2.2.2 国内相关研究

国内碳效应和碳减排的相关研究方向基本与国外研究一致,以土地利用等人类活动造成的各生态系统碳库变化为主要研究内容。土地利用变化对单一生态系统影响的研究较多,如森林生态系统、农田生态系统、草地生态系统等,综合考虑整个生态系统来研究土地利用变化对碳循环、碳储量影响的研究成果不多(揣小伟等,2011a)。在整个陆地生态系统碳循环研究中,碳库含量高的土地利用类型——如森林(王艳霞,2010;杨丽霞等,2004)、湿地(李典友和潘根兴,2009;张文菊等,2007)、草地(陈晓鹏和尚占环,2011;肖胜生等,2009)、农田(高建峰等,2011;王小彬等,2011)等都是研究重点和关键。除此之外,土地利用对碳排放的影响除了土地自身自然属性外,与能源消耗的碳排放联系也是研究重点(游和远和吴次芳,2010)。土地利用变化会改变人为能源消费的格局,并进一步影响区域碳循环的速率(赵荣钦等,2010)。农村土地整治涉及森林生态系统和农田生态系统等典型生态系统,为此这里着重回顾森林碳库和农田碳库的相关研究。

2.2.2.1 森林碳库

森林碳库作为陆地生态系统中最大的碳库,很大程度上决定着陆地生态系统是碳源还是碳汇,固而是全球碳循环研究的重要组成部分。国内针对森林生态系统参与全球碳循环的研究大致是从森林生态系统的碳储量、碳通量、碳密度等角度出发。如,王效科等(2001)、赵敏和周广胜(2004)分别基于第三次和第四次森林清查资料,估算了中国森林植被碳储量和碳密度,从某一时间层面上反映了中国森林对全球碳循环的影响。Fang et al.根据中国近50年来的森林资源清查资料,对中国森林植被碳库及其变化作了大尺度的研究,分析了中国森林植被的碳源汇功能(Fang, et al.,2001)。我国主要陆地生态系统植被层固碳能力中,森林生态系统的碳汇功能最大[(75.2Tg(1Tg=10^{12}g)C·a^{-1})],其次为灌草丛生态系统(13.9~23.9TgC·a^{-1})和草地生态系统(7.0TgC·a^{-1}),而森林生态系统的碳汇主要体现为植被层的固碳能力(方精云等,2007)。

森林生态系统遭到破坏,尤其是森林砍伐后变为农田和草地,会导致碳由陆地生物圈向大气大量释放,其释放量可与化石燃料燃烧引起的二氧化碳释放量达到相当水平(杨景成等,2003a)。大量研究表明,森林破坏(尤其是热带雨林的破坏)已成为除化石燃料燃烧之外大气中二氧化碳浓度增加的第二大来源(耿元波等,2000)。20世纪70年代中期以前,主要由于森林砍伐等人为作用,中国森林碳库和碳密度都是减少的(Fang, et al.,2001)。

对于森林生态系统,在物质循环和能量流动过程中,光合作用固定的二氧化碳被重新分配到森林生态系统的4个碳库:植物碳库、枯落物碳库、土壤有机碳库和动物碳库。森林动物碳库的碳储量仅占森林生态系统碳储量的很少一部分,全球不足0.1%(杨晓菲等,2011),而且动物具有可迁移性,无法进行对比衡量。

2.2.2.2 农田碳库

农田生态系统作为陆地生态系统中人类活动最为剧烈的部分,是全球碳库中最为活跃的部分,同时也是全球碳循环中的重要组成部分。全球农田生态系统碳贮量约为170 Pg,超过全球陆地生态系统碳贮量的10%(杨景成等,2003a)。农田生态系统的碳循环受多种因素控制,总体上可以分为对碳的吸收、固定、排放和转移四个部分(赵荣钦等,2004)。农田生态系统碳循环具有双重作用,既可能是碳"汇"又可能是碳"源"(刘慧等,2002),而农田生态系统碳汇主要体现在土壤层碳储量的增加(方精云等,2007)。已有一系列研究表明,通过改善农田管理措施,如调整耕作制度、改变水分类型、改善施肥方式、秸秆还田、改良品种等,可以有效增加农田生态系统固碳能力,促使农田生态系统成为"碳汇"(万运帆等,2009;张国盛和黄高宝,2005;张旭辉,2005;朱咏莉等,2004)。

总体上来说,农村土地整治作为人类对于原有自然生态系统的强烈干扰,在项目区土地利用类型变换过程中伴随着大量的碳交换,主要体现在植被碳和土壤碳在农村土地整治过程中的释放和储存。当建设用地转为耕地时,生态系统中植被碳储量变化是正向的,即土地利用变化增加了生态系统的植被碳储量;而当林地转为其他地类时,土地利用变化对植被碳储量则起到了负向影响(张兴榆等,2009)。土地利用变化也影响土壤有机碳储量,当耕地转为林地时表现出新转变用地类型的表层土壤碳密度高于保持用地类型碳密度,有助于表层土壤有机碳储量的增加(揣小伟等,2011b)。

2.3　碳补偿与生态补偿的相关研究进展

农村土地整治过程存在着明显的外部性,会产生复杂的碳效应,即有可能对外部产生正向的碳效应,也有可能对外部产生负向的碳效应。"正向激励、负向补偿。"为此,农村土地整治项目的碳效应也可以通过碳补偿来实现碳汇交易,从而推动农村土地整治的固碳减排目标实现。农村土地整治过程影响项目区的固碳服务,这关系到项目区固定温室气体能力,是影响全球气候变化的关键因素之一;同时也关系生态系统稳定,是生态系统服务中的重要类型。为此,从碳补偿和生态补偿的角度分别展开相关研究回顾,为后续研究奠定基础。

2.3.1　国外相关研究

2.3.1.1　碳补偿

国外碳补偿(Carbon Offset)的发展历程并不久,是伴随着全球温室气体减排体系提出和发展的。在20世纪90年代,全球气候变化成为世界各国关注的焦点话题。1992年签署的《联合国气候变化框架公约》,初步建立了全球应对气候变化的体系规则。此时,碳补偿概念也被初步提出,并着重分析了碳补偿项目的地区成本差异(Dixon, et al., 1993;Swisher, et al., 1992)。早期的碳补偿项目主要以造林项目为主,以碳汇增加来抵消其他来源的温室气体排放,具有经济和政治上的可行性(Brown & Adger, 1994)。1997年通过的《京都议定书》作为《联合国气候变化框架公约》的补充条款,为工业化国家的二氧化碳排放量规定了标准(2005年2月16日正式生效,成为人类历史上首个限制温室气体排放的国际法规)。为了实现《京都议定书》规定的温室气体减排任务,西方国家构建了完整的碳减缓和碳补偿体系:一方面通过改进生产、生活方式来减缓温室气体排放;另一方面,则通过碳补偿项目来抵消碳减缓措施后自身剩余的温室气体排放,如清洁发展机制(CDM)下的碳补偿项目(Pfaff, et al., 2000)。在此之后,碳补偿及碳市场贸易逐渐兴起,并成为发达国家和发展中国家之间资金、技术的转移手段。

从研究主题的发展历程看,碳补偿研究的焦点是不断变化的。早期碳补偿研究侧重于探讨碳补偿的可行性(Brown & Adger, 1994)、地区成本差异(Swisher & Master, 1992)等方面,以构建碳补偿体系和碳补偿交易机制为目的;在《京都议定书》签署后,碳补偿研究焦点转为《京都议定书》中相关规则的应用和发展(Pfaff, et al., 2000),如CDM机制下的碳补偿项目管理和交易(Tucker, 2001)、碳市场交易体系的提出(Karani, 2003);在自愿减排成为控制温室气体的另一主要措施后,碳补偿研究开始关注自愿减排中的碳补偿项目(Corbera, et al., 2009),着重讨论民众为实现碳中和的支付意愿(MacKerron, et al., 2009;Nakamura & Kato, 2013)。

现阶段的碳市场中存在两种类型的碳补偿项目:合规碳补偿项目和自愿碳补偿项目(Lovell & LiVerman, 2010)。其中,合规碳补偿项目主要指的是《京都议定书》中规定的碳补偿项目,有着严格的核证标准、方法学,如CDM机制下的碳补偿项目;自愿碳补偿项目则主要指不合CDM机制标准的碳补偿项目和减缓项目(Corbera, et al., 2009)。两种碳补偿项目都可以有效抵消碳排放,其中自愿碳补偿市场发展尤为迅速。2005—2006年全球自愿碳补偿市场增长了200%,超过150家的全球零售商都自愿实行碳补偿(Lovell, et al., 2009)。不同类型的碳补偿项目有着不同的治理结构,自愿碳补偿市场更为强调自由谈判,但并不意味着政府不监管自愿碳补偿市场(Lovell,2010)。

碳补偿项目涉及市场交易,为此项目成本和价格也一直都是研究重点。碳补偿项目的实施成本主要由项目生产成本和交易成本构成(Galik, et al.,2012),机会成本、社会成本等也有讨论,但对碳补偿项目的定价影响还不明确。不同类型的碳补偿项目(植树造林、森林管理和储存木材产品等),其成本差异明显:森林管理的基线估计成本为46.62～260.29美元/吨碳,植树造林和储存木材产品的成本则还要增加200%(Van Kooten, et al.,2004)。不同地区的碳补偿项目成本也存在明显差异,美国中南部地区的碳补偿项目成本为80～100美元/吨碳,远远高于中美洲地区的5～15美元/吨碳(Swisher & Masters,1992),更高于南美洲地区圭亚那(Guyana)的12%折扣率下的保本成本0.20美元/吨碳(Osborne & Kiker,2005)。碳市场中的吨碳价格,则更多的取决于谈判定价,尤其是自愿碳补偿市场。在自愿森林碳补偿市场中,场外交易市场(Over-the-counter Market)是主要类型,其价格透明度有限,一般定价策略有基于大量补偿项目的定价交易、设定固定或最低价格的交易两种类型(Clarke,2010),定价的组织则可以分为营利性公司、公共机构、生产者协会三种(Fulton, et al.,2009)。

虽然碳补偿项目、碳市场贸易发展迅速,正成为实现排放主体"碳中和"的重要手段,但质疑声也一直存在。由于碳补偿项目成本的地区差异和碳市场贸易体系的存在,造成碳补偿成本代价要远低于碳减缓措施。为此,排放主体可能会放弃减缓措施而直接选用碳补偿项目来实现减排目标,此时自身的碳排放并没有减少(Anderson,2012)。另外,源于自身的负罪感,部分消费者采用购买碳补偿项目的方式进行自愿减排,以实现"碳中和"的目标(Gans & Groves,2012)。然而,由于是自愿性质的减排,政府监管措施不多,碳补偿项目的核证标准也不一。在此背景下,是否存在碳补偿项目、碳补偿项目又是否可以抵消碳排放等问题已经关乎道德层面,碳补偿项目提供者的道德是关键因素(Dhanda & Hartman,2011;Hyams & Fawcett,2013)。

总体上看,国外关于碳补偿的相关研究时间并不长,是伴随着温室气体减排体系而发展的。据此可知,碳补偿项目是出于减少温室气体排放的目的,是实现碳汇交易和"碳中和"的基本手段。

2.3.1.2 生态补偿

农村土地整治对项目区生态环境造成的影响已经得到相关研究佐证。生态系统服务功能不仅包括各类生态系统为人类提供的食物、药物及其他工农业生产的原料,更重要的是支撑与维持了地球的生命支持系统:维持生命物质的生物地化循环及水文循环,维持生物物种与遗传多样性,净化环境,维持大气化学的平衡与稳定(Daily,1997)。一旦农村土地整治过程中的生态系统服务功能损失后,需要对此进行恢复、补偿,也即生态补偿。

国外早期的生态补偿侧重于生态环境损害和修复,认为生态补偿是生态功能或质量受损的替代修复措施(Cuperus, et al.,1996),是对生态破坏地的恢复,或新建生态场所对原有生态功能或质量的替代(Allen & Feddema,1996)。随着研究的不断深入,生态补偿开始涉及生态效益方面,被认为是一种在自愿、协商框架下影响生态效益提供者土地利用的策略(Wunder,2005)。目前国际上对生态补偿概念的理解基本等同于生态服务付费或生态效益付费,即对生态系统服务管理者或提供者提供的补偿(任勇等,2008)。

虽然早在20世纪30年代国外就出现了部分生态补偿案例,但直至20世纪50年代,随着生态环境问题日益尖锐、全球环保运动的发展,生态系统服务功能和生态服务付费的研究才逐步得到关注。生态补偿研究早期可以追溯到生态系统服务功能的相关研究,并以此为基础而逐步开展生态服务付费研究。

1970 年,紧急环境问题研究报告(*Study of Critical Environmental Problems*,SCEP)中首次使用"环境服务"(Environmental Services)、"生态系统服务功能"(Ecosystem Services Function)的概念,并界定了生态系统的"环境服务功能"(SCEP,1970)。1977 年,Westman 也提出了"自然的服务"(Nature's Services)的概念,并对其价值评估进行了相关研究(Westman,1977)。1997年,Costanza et al. 发表了《世界生态系统服务与自然资本的价值》(*The value of the world's ecosystem services and natural capital*)一文,进一步确定了"生态系统服务"概念,并对全球生态系统服务进行分类,估算出生态系统服务

为全球每年提供了大约 16 万亿～54 万亿美元的价值（Costanza, et al., 1997）。随后，更多学者关注到了生态系统服务领域，并从自然资源管理、陆地生态系统、集约化农场、生物能源、经济福利等角度展开分析研究（Gasparatos, et al., 2011; Metzger, et al., 2006; Swift, et al., 2004; Wainger, et al., 2010; Yung En, 2004）。

伴随着生态系统服务价值研究的逐步深入，调整利益相关者之间利益关系的生态补偿研究逐步展开，许多国家和地区都开展了深入而广泛的实践。比如，哥斯达黎加和墨西哥的全国性生态服务付费机制（Blackman, et al., 2010; García-Amado, et al., 2011; Stefano, 2008），欧洲和美国的农业环境计划（Claassen, et al., 2008; Dobbs & Pretty, 2008; Prager, et al., 2012），美国的保护性储备计划（Niesten, et al., 2004）等。

纵观国外生态补偿研究，主要从宏观和微观两个角度开展研究的，其中宏观侧重于构建生态补偿理论框架，微观则侧重于分析项目主客体之间的利益关系。

从宏观角度，众多学者从目的意义、概念定义、理论基础、补偿原则等角度对生态补偿加以全面的论述，并提出生态补偿的主要内容。如, Jacka et al. (2008)认为生态补偿应兼顾保护环境效果、成本效益协调和公平性的原则; Engel et al. (2008)从生态补偿的定义和范围、生态补偿项目原则和特征以及同其他政策手段比较等方面对生态补偿进行了全面的设计，并探讨了生态补偿与农户贫困之间关系; Wunder et al. (2008)则通过对比发达国家和发展中国家生态补偿项目设计方案，分析不同生态、社会、经济和体制条件下生态补偿方案差异，并指出用户资助的生态补偿项目比政府资助的项目更具有针对性，更加紧密地适应当地的条件和需要，有更好的监测和执行条件，目标更为明确。

从微观的角度，许多学者主要研究生态补偿项目主客体之间的利益关系调整，分析生态补偿项目利益相关者的生态补偿意愿。如, Cooper & Osborn(1998)通过运用序贯响应离散选择模型和随机效用模型，调查分析了农民愿意继续维持保护性退耕合同的比率和相应的补助要求水平; Harnndar(1999)则运用线性规划和灵敏度分析确定农民退耕地的机会成本，并据此给出了可能的补助水平；Plantinga et al.(2001)研究了不同补助条件下农民愿意退耕的供给曲线，并借此预测了未来可能的退耕量和补助标准；Biénabe & Hearne(2006)对哥斯达尼加的游客进行补偿意愿调查，得出自然保护区的补偿意愿结果；Moran et al.(2007)则问卷调查了英国苏格兰地区居民的生态补偿支付意愿；Ambastha & Hussain(2007)运用条件估值法(*Contingent Valuation Method*,CVM)分析了农户的受偿意愿，并指出农户的受偿意愿受家庭耕地数量和保护政策的影响较为显著。

2.3.2　国内相关研究

2.3.2.1　碳补偿

中国是发展中国家，并不属于《京都议定书》强制减排之列。受社会经济发展阶段所限，目前国内关于碳补偿的研究还不多，已有研究主要集中于以下几个方面：

（1）碳补偿概念

关于碳补偿的概念，国内学者尚未达成共识。有些学者将"碳补偿"等同于"碳中和"或者"碳抵消"(Carbon neutral)(公衍照和吴宗杰,2012)，有些学者则认为"碳中和"的内涵更为广阔，包括"碳减排"和"碳补偿"(刘画洁,2012)。从碳补偿的发展历程可以看出，在温室气体排放体系中，碳减排是主要手段，碳补偿是为了抵消碳减排措施后仍剩余的碳排放量而提出的补充手段。具体来说，碳补偿是指企业、个人或者政府通过购买在异地完成的温室气体减排额，用其来补偿或抵消购买者自身在生产过程中产生的温室气体排放量的一种减排形式(武曙红等,2009)。

（2）碳补偿市场

碳补偿市场的提出是源于两个基本判断：发展中国家的碳补偿项目成本更低，气候的改变与来源无关(熊焰,2010)。从国外相关研究看，不同地区的碳补偿项目成本差异明显。在全球尺度上，由于大气的循环过程，无论减排发生在哪里、是谁实现了减排，对气候变化的影响效果是一样的(公衍照和吴宗杰,2012)。因此，可以建立碳补偿市场交易体系来实现碳补偿抵消指标的转移：发达国家提供资金、技术，发展中国家则利用资金、技术新建碳补偿项目,获得的碳补偿抵消指标转移给发达国家。

根据碳补偿项目与减排机制的联系,可以将碳补偿市场划分为强制减排下的碳补偿市场和自愿减排下的碳补偿市场(公衍照和吴宗杰,2012)。前者主要指《京都议定书》规定下的碳补偿市场,如清洁发展机制(*Clean Development Mechanism*,CDM)下的碳补偿市场;后者指不符合强制减排标准的其他碳补偿项目组成的市场,如芝加哥气候交易所中的碳补偿市场。自愿市场可以作为强制市场的补充以及运作方式和程序、方法学和技术的试验基础(武曙红等,2009)。也有学者将碳补偿市场划分为国际市场和国内市场,并从"碳资金"角度指出应以国际贸易为前提,优先、重点发展国际市场(蔡志坚,2005)。国际市场是指碳补偿项目来自于国外减排地区,其中最重要的市场就是清洁发展机制下的碳补偿市场;国内市场是指碳补偿项目来自于国内非强制减排地区,其交易主体为单位和个人。

(3)碳补偿标准

在碳补偿体系中,碳补偿标准关系到碳补偿项目的核证,是碳补偿项目可以参与碳市场的前提条件。当前核证碳补偿项目的标准众多,主要有CDM造林再造林项目标准(CDM-AR)、黄金标准(GS)、农业林业和其他土地利用项目自愿碳标准(AFOLU-VCS)、核实减排量的健全标准(VER+标准)、气候社区和生物多样性标准(CCBS)、芝加哥气候交易所标准(CCX)以及生存计划方案(PVS)标准等(王琳飞等,2010;武曙红等,2009)。尽管这些标准有着各自的特点、方法学和和核证程序,但都强调碳补偿项目实现的减排必须是真实的(Real)、额外的(Additional)和可核证的(Measurable/Verifiable),甚至强调实现的减排是可执行的(Enforceable)和永久的(Permanent)(公衍照和吴宗杰,2012)。

总体上看,国内碳补偿的相关研究尚处于初始阶段,仍以碳补偿概念内涵、碳市场交易体系构建为主;研究内容上还是以国外研究框架为主。农村土地整治的碳库损失及生态补偿优化还未得到重视,仅有部分学者初步提出设想(钟学斌等,2006)。

2.3.2.2 生态补偿

(1)生态补偿的发展历程

我国生态补偿的研究始于20世纪80年代,并伴随着实践的不断推进而不断发展。生态补偿已经由最初的消极被动地对生态环境破坏行为进行罚款,转向积极主动地对生态环境保护和建设行为的激励与协调,补偿的领域涉及森林、耕地、自然保护区、流域、矿产资源开发等(李文华等,2006)。在生态补偿不同的发展阶段中,研究的范围和侧重点也有不同。

研究早期阶段,生态补偿侧重于生态学意义,许多学者将生态补偿理解为生态系统遭受外界活动的干扰、破坏后,功能的自我调节、自我恢复,体现了生态系统的内部稳定机制和自我调节作用,反映了生态系统对人类的生产和生活活动所产生的废物具有净化和消纳能力(环境科学大辞典编委会,1991;金京淑,2011)。随着社会经济的发展,人类对生态系统的干扰已经突破了生态系统的自身恢复能力,生态学上的生态补偿已无法实现。此时,从社会经济领域考虑生态系统功能恢复问题成为一种选择,生态补偿概念拓展为一种资源环境保护的经济政策(金京淑,2011)。21世纪,随着经济发展带来的生态环境问题日渐突出,社会公平正义的理念拓展到资源环境方面,生态补偿关注生态环境,并以生态系统功能为研究核心。如,王金南等(2006)学者认为,生态补偿是"一种以保护生态服务功能、促进人与自然和谐相处为目的,根据生态系统服务价值、生态保护成本、发展机会成本,运用财政、税费、市场等手段,调节生态保护者、受益者和破坏者经济利益关系的制度安排"。

(2)生态补偿的研究内容

纵观国内生态补偿研究内容,也可以划分为宏观和微观两个层面,其中宏观层面主要研究生态补偿的概念内涵、理论基础、覆盖范围、补偿政策等,以构建生态补偿完整的理论框架为目标;微观层面主要涉及生态补偿的具体项目以及补偿项目中各利益相关者的关系调整研究。

在宏观层面上,生态补偿的概念内涵随着社会经济发展而不断发生变化,而生态补偿理论基础研究也在不断深入研究过程中拓展。生态补偿理论基础主要是公共产品理论、外部性理论、生态系统服务价值理论以及生态资本理论等,其中尤以外部性理论、生态系统服务价值理论为主(金京淑,2011);王琳玥(2007)直接将中国生态补偿理论基础总结为环境资源价值理论、经济外部性理论、循环经济学理论、可持续发展理论、生态伦理理论五个方面;黄君(2011)则认为生态补偿理论来源于外部性理论、科斯定理、公共产品理论、生态资本价值理论、可持续发展理论、系统论理论等;王丹丹(2011)认为,生态补偿的理论基础包括经济学理论(外部性理论、公共产品理论)、环境伦理理论(生态中心论、自然价值论)、可持续发展理论、法学理论(正义、权利与义务相一致的理论)四个方面。对比国外相关研究可以看出,国内学者在认同国外学者关于公共产品理论、外部性理论、生态系统服务价值理论、生态资本理论为生态补偿理论来源之外,还增加了可持续发展理论、社会公平正义、系统论等相关理论,为中国的生态补偿研究拓宽了思路。

在微观层面上,生态补偿研究内容主要是分项目、分类型地讨论生态补偿的设计、实施以及效果等。国内生态补偿项目研究主要集中于退耕还林生态补偿(秦伟等,2008;秦艳红和康慕谊,2006)、农田生态补偿(蔡银莺和张安录,2011;金京淑,2011)、草地生态补偿(戴其文等,2010)、湿地生态补偿(姜宏瑶,2011)、自然保护区生态补偿(王蕾等,2011;甄霖等,2006)、流域生态补偿(白景锋,2010;史淑娟,2010)、矿产资源开发生态补偿(李娟和胡振琪,2008;卢洁,2010)等方面,其中森林生态补偿是研究重点。20世纪80年代末期开始,森林生态补偿就成为国内生态补偿领域内理论和实践的重要内容,主要实践项目有天然林资源保护工程、森林生态效益补偿制度、退耕还林工程、大型生态治理工程等。从发展历程上看,我国开展的森林生态补偿,在前期以"抑损"型补偿为主,如"天保工程",旨在通过禁伐和大幅减少商品木材的产量,遏制森林资源快速减少的状况;而后逐步向"增益"型补偿转变,如"退耕还林(草)工程",旨在增加森林资源的存量,增强生态服务功能(王昱,2009)。

(3)生态补偿标准

生态补偿标准的确立是生态补偿理论研究中的难点,也是生态补偿实践和制度的重点,关乎生态补偿实施效果。通过问卷调查,李芬和陈红枫

(2007)指出,海南省大多数农户对生态补偿机制持赞同态度,但由于生态补偿标准较低,难以有效提高农户生活水平,生态保护和地区经济收入之间存在冲突。张志云和郭正福(2010)采用生态公益林经营成本、收益损失补偿、生态产品与服务价值补偿三级递增的方式分析生态补偿标准,指出生态补偿的全额补偿标准是1215~1350元/hm²,最高补偿标准是生态产品与服务价值补偿,远远高于当前国家确立的标准。黄文清(2008)运用条件价值评估法调查显示,武汉市居民对退耕还林生态建设提供的生态效益的支付意愿为103.10~175.76元/hm²(年·户),其支付意愿受到访者的年龄、家庭收入水平、教育水平及对政府部门信任程度等因素的显著影响。如何因地制宜地确立生态补偿标准,缓解生态保护和经济收入之间的矛盾,是未来生态补偿理论和实践的研究重点。

总体上看,国内生态补偿研究较为成熟,在宏观层面和微观层面都有较为广阔的研究。其中森林生态补偿是生态补偿研究中的重点,生态补偿标准则是难点问题。退耕还林等工程的生态补偿研究较多,农村土地整治的生态补偿研究不足。由于农村土地整治过程可能会造成项目区生态系统服务损失,应该建立生态补偿,遏制项目开发造成的损失。

2.4 研究述评

由于国内外关于农村土地整治过程的碳效应、碳减排和碳补偿研究尚未完全展开,缺少相关文献基础,因此,本书主要从土地整治对生态环境影响、碳效应和碳减排、碳补偿和生态补偿三个角度加以总结归纳,通过分析发现:

(1)国外对于土地整治造成生态环境破坏的反思开始较早。随着西方环境保护思潮的兴起、可持续发展思想的推广,土地整治经历了不同发展阶段,在不同发展阶段中其对生态环境的影响认知不同。国内土地整治理念也在发展,但现阶段工具理性思想仍然严重。虽然逐渐认识到土地整治对生态环境造成的一系列影响,但受经济阶段、社会阶段、技术水平等带来的局限,仅仅是在土地整治项目规划和实施阶段通过措施加以缓解。总体来看,农村土地整治的对项目区的生态环境影响已经得到国内外共识,但定量化分析农村土地整治前后生态环境变化情况的研究有限,对比研究农村土地整治前后碳效应以及对应减排、补偿措施的相关研究更少。

(2)国外碳效应和碳减缓的研究内容主要集中于陆地生态系统,分析陆地生态系统中碳库含量高的森林、湿地、草地、农田等土地利用与碳库含量变化之间关系;研究方法上主要偏重于实验室测定、遥感监测等方法;研究尺度涉及较广,更有全球、洲际等大范围研究。国内的相关研究内容与国外相差不大,森林、湿地、草地、农田等土地利用类型仍是研究的重点,但研究尺度上较国外较小。农村土地整治过程中伴随着大量的碳交换,如何定量化估算农村土地整治过程造成的碳效应,并提出相应的碳减排措施具有重要意义,亟需深入探讨。

(3)国外关于碳补偿的研究起始于温室气体减排,发展历程并不久。当前国外的碳补偿研究仍以抵消碳排放为目标,主要研究内容以碳市场交易、自愿减排的支付意愿等为主。国内的碳补偿研究刚刚处于初步发展阶段,尚以碳补偿概念内涵、碳市场的必要性等理论分析为主。在国内外碳补偿研究中,都没有关注到农村土地整治对项目区碳库影响,也未探讨相应的碳补偿措施,亟需展开相关研究来完善碳补偿体系。另一方面,由于固碳服务的特殊性,农村土地整治过程也适用于生态补偿。国外的生态补偿是以生态系统服务价值为基础的,等同于生态服务付费或生态效益付费,为生态系统服务提供者和管理者提供补偿。国内的生态补偿则在此基础上还加上了赔偿生态环境破坏,更为强调生态补偿的公平正义性、可持续发展性和系统性。农村土地整治过程是影响项目区固碳服务的过程,既关系大气中温室气体总量稳定,又改变了项目区生态系统服务价值,需要进行碳补偿和生态补偿来弥补其造成的生态环境破坏。

有鉴于此,本书试图将碳效应、碳减排和碳补偿相关理念引入农村土地整治项目中,从碳循环视角重新审视农村土地整治过程,探讨农村土地整治的碳效应,以及减少碳损失的碳减排措施和增加碳固定的碳补偿措施。

3 农村土地整治碳效应的理论初判：项目流程逻辑框架

农村土地整治过程不仅是典型的土地利用活动,也是项目区生态系统转换的过程,是对项目区生态环境强烈的人工干扰行为。正是认识到这种影响,中国已通过相关法律法规等,要求农村土地整治必须进行生态环境影响评价,以推动农村土地整治向生态环境改善的方向发展。在全球气候变化日益严峻的背景下,农村土地整治对项目区碳库的影响也是生态环境影响的重要方面,亟需得到进一步关注。固碳服务作为生态系统服务的重要类型,不仅影响区域生态环境稳定,还关系大气中温室气体总量,是减缓气候变化的重要手段。农村土地整治过程除了会影响项目区的水土保持、生物多样性、景观格局等生态系统服务外,也直接影响项目区碳循环,改变项目区碳库储量。在陆地生态系统中,农村土地整治涉及的森林生态系统和农田生态系统都是至关重要的碳库。据联合国政府间气候变化专门委员会估算:全球陆地生态系统中约贮存2.48万亿吨碳,其中1.15万亿吨贮存在森林生态系统中(Ravindranath & Ostwald,2009)。同时全球农田生态系统碳贮量约为170 Pg,超过全球陆地生态系统碳贮量的10%(杨景成等,2003a)。为此,从生态学视角看,农村土地整治过程是陆地生态系统中重要碳库发生变化的过程,直接关系陆地生态系统的碳循环,关乎陆地生态系统中的物质和能量流动,是全球土地利用变化和气候变化研究的有效结合点。

从农村土地整治项目的实施流程逻辑看,项目依次经历立项阶段、施工阶段和管护阶段,其对项目区碳库影响过程也分布于三个阶段之中(图3-1)。简而言之,农村土地整治产生的碳效应主要有三类:第一是项目区土地整治前后土地利用结构变化导致的碳库类型转变(如森林碳库转变为农田碳库）；第二是项目施工过程中造成的工程扰动和工程自身碳排放（如土地平整对土壤碳库影响、工程机械运行的能源消耗）；第三是项目管护阶段的农田管理方式造成的长期碳库变化（如耕作方式的改变对土壤有机碳库的影响）。

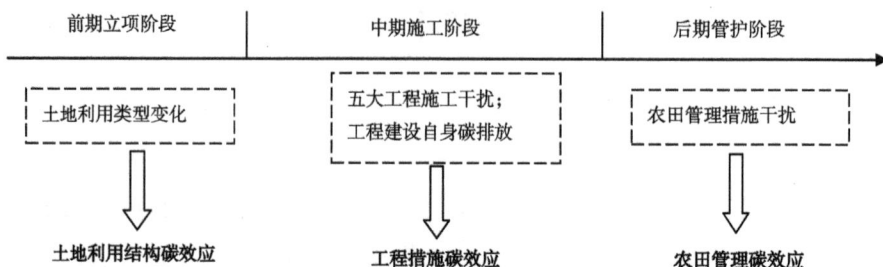

前期立项阶段　　　　　　中期施工阶段　　　　　　后期管护阶段

```
┌────────────────┐    ┌────────────────┐    ┌────────────────┐
│ 土地利用类型变化  │    │ 五大工程施工干扰；│    │ 农田管理措施干扰  │
│                │    │ 工程建设自身碳排放│    │                │
└────────────────┘    └────────────────┘    └────────────────┘
        ⇓                     ⇓                     ⇓
  土地利用结构碳效应         工程措施碳效应           农田管理碳效应
```

图3-1　农村土地整治的碳效应理论框架

3.1　农村土地整治的土地利用结构碳效应

农村土地整治不仅仅是农田条件的提升过程，更是土地利用结构的优化过程。在项目立项阶段，根据项目区的自然资源条件、社会经济条件和当地民众的整治意愿，需完成整治项目的规划设计，明确项目区土地整治前后的土地利用类型。土地利用类型变化影响陆地与大气之间碳迁移变化，土地利用由一种类型转变为另一种类型往往伴随着大量的碳交换（Houghton，et al.，1999a）。在农村土地整治过程中，一旦大量的低效林地、荒草地、建设用地、废弃坑塘等用地类型被转换为耕地，往往也将产生明显的碳效应。江苏省的研究案例表明，耕地碳密度为9.84 kg/m^2，而林地、草地碳密度为14.67 kg/m^2、10.18 kg/m^2，其转换为耕地的过程是项目区碳库损失过程；建设用地、水域碳密度为7.31 kg/m^2、8.17 kg/m^2，其转换为耕地的过程是项目碳库增加过程（Chuai，et al.，2014；揣小伟等，2011a）。巴基斯坦的兴都库什地区的研究结果也类似：案例区耕地碳库总量为28.62 ± 13.85 t/hm^2，而林地、草地的碳库总量为 349.84 ± 30.79 t/hm²、50 ± 6.5 t/hm²，都远高于耕地碳库总量，从林地、草地转变为耕地意味着会造成 56% 和 37% 的碳库损失（Ahmad & Nizami，2015）。当然，各种土地利用类型之间转换的碳排放强度在各区域之间表现出较大的差异，甚至某些转换在一些区域表现为碳排放，而在另一些区域则表现为碳汇（张梅等，2013）。

深究之，农村土地整治土地利用结构碳效应是项目区碳库类型改变的缘故，实质是整治前后项目区分碳库的变化。从项目区物质循环和能量流动视角看，项目区光合作用固定的 CO_2 被分配到 4 个分碳库：植被碳库、枯落物碳库、土壤有机碳库和动物碳库。其中，动物碳库的碳储量仅占很少一部分，全球不足 0.1%（杨晓菲等，2011），而且动物具有可迁移性，无法进行对比。为此，本书重点比较项目区整治前后的植被碳库、枯落物碳库、土壤有机碳库的变化，忽略动物碳库。

3.1.1 植被碳库变化

植物的光合作用是整个陆地生态系统的碳输入，是陆地生态系统与大气交换碳素的直接窗口，也是项目区碳库的源头。农村土地整治活动直接改变了项目区地表覆被，也相应地改变了项目区植被碳库类型。在农村居民点整理、土地复垦等土地整治过程中，项目区原先没有植被碳库或仅少量植被碳库，转变为耕地之后，由于农作物种植，光合作用效果明显，其植被碳库明显增加；在农用地整治过程中，项目区增加了可耕种面积，农田生产条件也明显改善，农作物的生物量明显增加，其植被碳库是增加的；在土地开发过程中，项目区由原先的森林植被、草原植被转变为农作物植被，光合作用效果减弱，其植被碳库是减少的。

3.1.2 枯落物碳库变化

枯落物碳库作为植被自然凋落后形成的碳库，是沟通植被碳库和土壤有机碳库的关键纽带：来源于植被碳库，但又是土壤有机碳库的碳输入源。农村土地整治活动改变了项目区植被碳库，也就改变了项目区枯落物碳库。在农村居民点整理、土地复垦等整治过程中，项目区原先没有枯落物碳库,转变为耕地之后存在少量枯落物碳库,呈现增加态势;在农用地整治过程中,项目区地表覆被增加,枯落物碳库也相应少量增加;在土地开发过程中,项目区地表覆被减少,枯落物碳库也明显减少。

3.1.3 土壤有机碳库变化

土壤有机碳库主要取决于土壤中碳的输入(植物残茬输入)与流失(有机质分解)之间的平衡。农村土地整治活动不仅改变植被碳库、枯落物碳库而影响碳的输入,还改变土壤理化性状而影响碳的流失。在农村居民点整理、土地复垦、农用地整理等整治过程中,项目区植被碳库、枯落物碳库均增加,导致土壤中碳的输入增加,项目区土壤有机碳库较整治前明显增加;在土地开发过程中,项目区植被碳库、枯落物碳库均减少,导致土壤中碳的输入减少,项目区土壤有机碳库较整治前明显减少。值得注意的是,农村土地整治过程中的项目施工、农田管理措施等也将对项目区土壤结构等理化性状产生影响,会短时改变土壤中碳的流失速度,造成项目区土壤有机碳库减少。

综上所述,从项目区土地利用结构变化视角看,农村居民点整理、土地复垦、农用地整理等整治活动将对项目区碳库起正向积极作用,荒草地、林地整治为耕地的土地开发活动将对项目区碳库起负向消极作用(表3-1)。

表3-1　农村土地整治活动的土地利用结构碳效应

整治类型	土地利用结构变化	作用效果	碳效应
农村居民点整理、土地复垦	建设用地整治为耕地	正向积极	植被碳库增加,枯落物碳库和土壤有机碳库增加
土地开发	荒草地、林地整治为耕地	负向消极	植被碳库减少,枯落物碳库和土壤有机碳库减少
农用地整理	田坎、废弃沟渠等整治为耕地	正向积极	植被碳库增加,枯落物碳库和土壤有机碳库增加

3.2 农村土地整治的工程措施碳效应

农村土地整治目标的实现,需要大量的工程措施保障。根据项目实施流程,农村土地整治的工程措施一般可以分为土地平整工程、农田水利工程、田间道路工程、防护林工程和地力培肥工程等。不同于土地利用结构变化产生的碳效应,上述工程措施对项目区碳库的影响可以分为工程自身排放和项目施工干扰两个方面:①工程自身排放主要是因为大量物料投入和能源消耗,从而成为温室气体排放的重要来源。研究表明每实施 1hm² 的土地整治项目,平均排放 7.035t 的碳(张中秋等,2016)。②项目施工干扰主要是整个工程建设过程对项目区植被碳库、枯落物碳库、土壤有机碳库等产生的直接和间接影响。

3.2.1 土地平整工程

土地平整工程是农村土地整治项目最先开始的施工阶段,也是其他后续施工的基础。从碳循环视角看,土地平整工程的碳效应最为明显。在农村土地整治过程中,土地平整工程是土地整治主要的碳排放源,占整治项目总碳排放的 64.53%,主要来自于推土机剥离表土和农地平整(93.43%)(郭晓辉等,2015)。此外,土地平整工程进行的地表清理和土方平整还直接和间接影响了项目区碳库。地表清理过程直接将项目区原有植被碳库、枯落物碳库清理出项目区边界,可以认定为项目区植被碳库、枯落物碳库直接损失的过程。土方平整不仅是新开垦耕地进行农业生产的基本条件,也会对项目区土壤有机碳库产生明显影响。不当的土方平整工程将改变土壤分层结构、团粒结构、温度、水分等自然性状,增加土壤微生物活性,加快土壤有机质分解,最终降低项目区的土壤有机碳库。研究表明,整理前项目区土壤有机质含量在各土层存在显著差异,整理后的土壤有机质含量总体呈下降趋势,降幅为 17.5%～55.8%(华颖等,2014)。

3.2.2 农田水利工程

灌溉和排水等农田水利工程是项目区新增耕地的必备工程,只有完备的农田水利工程才能保障后续农业生产。但是,不当的农田水利工程不仅会危及项目区青蛙、蛇等生物生存(叶艳妹等,2011a),影响项目区生态系统的稳定,还对项目区碳库产生明显影响。根据项目施工流程,农田水利工程主要影响项目区土壤有机碳库:首先,在沟渠、涵管、排水管、水闸等农田水利工程施工中,项目区土壤需要进行翻动、搬移,明显改变土壤理化性状,可能造成土壤有机质的流失,促使项目区土壤有机碳库降低;其次,农田水利工程对项目区土壤水分的自由迁移有着明显影响,对项目区其他物质流、能量流也有着十分明显的阻断干扰,将影响项目区碳循环过程,改变土壤有机碳库储量。此外,农田水利工程自身碳排放也不可忽视,约占到整治项目总碳排放的 5.23%,主要来源于输电线路工程(41.14%)、灌排沟渠建设(30.21%)、灌排机井建设(28.43%)等(郭晓辉等,2015)。

当然,从长时间尺度上看,合理的农田水利工程将保证项目区后续农业生产的用水、排水需求,明显增加农作物产量,在一定程度上会增加新增耕地的植被碳库;同时,合理的农田水利工程对项目区地块土壤水分的保持将起着关键作用,会影响项目区长时间尺度的土壤有机碳库储量。

3.2.3 田间道路工程

田间道路工程主要指新增耕地的生产路、田间道等,是沟通项目区各地块的重要纽带。与农田水利工程类似,田间道路工程自身碳排放十分明显,占整治项目总碳排放的30.24%,主要来源于拆除旧路面(46.31%)、生产路建设(34.06%)、田间道建设(15.66%)等(郭晓辉等,2015)。为了便于农业机械通行,田间道和生产路宽度至少有 2~3m,较宽者还可能达到 6~8m,较大工程量的施工会干扰项目区土壤有机碳库:施工过程需要压实土壤,对土壤理化性状、土壤结构等影响明显,可能造成项目区土壤有机碳库减少;田间道路工程自身一般都是砼固件或者砂石路面,对项目区物质流、能量流有着明显的阻断干扰,在改变项目区碳循环过程的同时也减少了土壤有机碳库。

此外,田间道路工程占地面积较大,减少了项目区新增耕地面积,也是项目区植被碳库损失的一个方面。

3.2.4 防护林工程

防护林是为了保持水土、防风固沙、涵养水源、调节气候、减少污染所经营的天然林和人工林。虽然防护林工程不是土地整治的必备工程,但考虑到水土保持等方面的作用,农村土地整治项目一般都会布置适当的防护林。不同于土地平整工程、农田水利工程和田间道路工程,防护林工程的自身排放是有限的。同时,防护林工程对于项目区碳库有着明显的固碳作用,且具有长期性。虽然防护林工程并不是完整的森林生态系统,但其仍提升了项目区碳库储量。这种提升不仅表现为防护林增加了项目区植被碳库,还表现为防护林通过枯落层等增加了项目区土壤碳输入,进而增加了项目区的土壤有机碳库。据测算,农田防护林中常用的速生杨单年固碳量平均达 2×10^5 kg/a 以上,单位面积固碳总量达 1159.57 kg/hm²,固碳能力不容忽视(姚念深等,2016)。

3.2.5 地力培肥工程

为了保障新增耕地质量,提升耕地的生产力,有些农村土地整治项目还有地力培肥工程。根据土壤的测土配方结果,在项目施工阶段进行的地力培肥,可以有效增加项目区土壤有机碳库。一般来说,当前地力培肥工程还是以分层施肥为主,以有机粗肥为土壤基肥,以精肥混合无机肥作为土壤表层肥料,使土壤中肥料分布均匀,土肥相融,进而提升土壤质量(吴宝祥和吴洪江,2009)。同时,在土地平整施工阶段将项目区草本植物等地表植被翻耕到土壤中,对项目区土壤施以绿肥,也可有显著的地力培肥效果(姜新有和周江明,2012)。总的来说,地力培肥工程不仅直接增加了土壤有机质,提高了项目区土壤有机碳库,还进一步促进了后期农作物生长,间接提升了项目区植被碳库。

综上所述,农村土地整治的工程措施对项目区碳库有着明显影响。不同于碳库类型转变造成的碳库损失,工程措施的影响更为复杂多变(表3-

2)。值得注意的是,农村土地整治项目施工过程中,挖掘机、推土机等大型机械的广泛使用加剧了对项目区土壤有机碳库的干扰,同时也增加了整治项目额外的碳排放。

表3-2　农村土地整治的工程措施碳效应

碳效应来源	影响因素	作用效果	碳效应
工程自身影响	物料投入和能源消耗	负向消极	物料的生产和工程消耗的石油能源将直接造成碳排放
项目施工干扰	土地平整工程	负向消极	地表植被碳库、枯落物碳库直接损失,土壤有机碳库明显流失
	农田水利工程	短期负向消极 长期正向积极	短期尺度上工程施工将导致土壤有机碳库损失,但长期尺度上合理的农田水利将增加后续农田产量,进而增加植被碳库和土壤有机碳库
	田间道路工程	负向消极	土壤有机碳库减少,植被碳库减少
	防护林工程	正向积极	增加植被碳库,长期尺度上增加枯落物碳库和土壤有机碳库
	地力培肥工程	正向积极	增加土壤有机碳库,长期尺度上增加植被碳库

3.3　农村土地整治的农田管理碳效应

　　农村土地整治后的土地利用类型呈现多元化,但在耕地保护的政策目标导向下,仍以新增耕地为主要类型。已有研究表明,土地整治后,新增耕地的理化性状产生较为明显变化:土层厚度较整治前增加 14.29cm,土壤体积质量较整治前减少0.15 g/cm³(王瑗玲等,2011);土壤中有效铁、锰、铜、锌、硼的含量均下降,其中有效铁较整治前减少72.7%(华颖等,2014);土壤 pH 值显著提高了14.6%,土壤有机碳含量显著下降了65.4%(叶晶等,2016)。除理化性状变化之外,在"固碳减排"的背景下,新增耕地的碳循环过程和碳库储量变化也是关注重点。考虑到项目区新增耕地碳库主要由植被碳库和土壤有机碳库组成,而其中土壤有机碳库又占绝对比例,本书主要讨论后期管护阶段农田管理措施对项目区农田土壤有机碳库的影响。

鉴于新增耕地质量不高和农户投入产出比不高的现实困境,短期尺度上整治项目区农田管理措施更侧重于施肥培育、少耕等土壤质量提升措施,但长期尺度上最终仍会逐渐过渡到大田管理措施。土地整治对新增耕地生态系统的影响自然恢复期限为29年,第4年后生态效益曲线减速变缓(郭贝贝等,2015),对土壤理化性状的逐渐恢复需3~5年(王瑗玲等,2011),其对土壤有机碳库的影响最终也将随着时间推移逐渐恢复为传统大田管理措施产生的影响。

农田土壤有机碳库的动态变化取决于土壤中有机质(作物残茬)输入和分解之间的平衡(杨景成等,2003b)。一般认为,种植制度、耕作措施、灌溉类型、施肥方式等均会对土壤有机质输入或者有机质分解产生影响,从而成为影响农田土壤有机碳库的重要因素(表3-3)。

表3-3 农田管理措施对土壤有机碳库的影响

土壤有机质变化	影响因素	管理措施	作用效果
碳输入	土壤有机质(对土壤有机碳库起正向作用)	提高复种指数	提高作物产量,增加作物残茬
		适当免耕少耕	不稳定碳输入增加,减少风雨对土壤有机质的侵蚀
		轮作残茬比例高的作物	增加作物残茬,提升土壤有机质输入
		轮作豆科作物	C/N比低,促进后茬作物生长
		秸秆还田	增加土壤有机质输入
		施化肥	稳定农作物产量,稳定土壤有机质
		施有机肥和无机肥混合	提高农作物产量,增加作物残茬
		污灌	增加土壤养分,提高作物产量,增加作物残茬
碳分解	土壤团聚体(对土壤有机碳库起正向作用)	传统耕作	破坏大团聚体,减少土壤有机碳库
		翻耕	破坏大团聚体,减少土壤有机碳库
		免耕少耕	有利于大团聚体产生,增加土壤有机碳库

土壤有机质变化	影响因素	管理措施	作用效果
碳分解	土壤团聚体（对土壤有机碳库起正向作用）	轮作多年生作物	减少耕作干扰,增加土壤有机碳库
	土壤呼吸(对土壤有机碳库起负向作用）	传统耕作	增加微生物活性,增加土壤呼吸
		休耕	促进微生物活动,增加土壤呼吸
		提高复种指数	增加微生物分解速率,增加土壤呼吸
		滴灌	土壤水分、温度适宜,增加土壤呼吸
		适当免耕少耕	增加植物可利用水,降低土壤呼吸
		轮作多年生作物	减少微生物活性,降低土壤呼吸
		施化肥(N、P)	增加土壤酸性,降低土壤呼吸
		渗灌	地表过于干燥,降低土壤呼吸
		沟灌	土壤水分过分饱和,降低土壤呼吸
	土壤矿化(对土壤有机碳库起负向作用）	传统耕作	提高土壤碳、氮矿化速率
		翻耕	加快土壤矿化速率
		适当免耕少耕	增加微生物种类,减少矿化损失
		轮作多年生作物	减少耕作干扰,降低矿化速率
		渗灌	矿化速率最低
		滴灌	矿化速率最高
		沟灌	矿化速率较低

3.3.1 种植制度

种植制度既影响土壤有机碳的输入,又改变土壤有机碳的分解。提高复种指数,实施轮作等种植制度,将有效降低土地整治造成的碳库损失,甚至稳定、增加土壤有机碳库。提高复种指数可以增加农作物产量、作物残茬量,从而增加项目区植被碳库和枯落物碳库,提升土壤有机碳输入。虽然该种植行为同时也增加了土壤微生物活性,加快了土壤有机质分解速率,但最终由于输入大于分解,总体上土壤有机碳库仍将有不同程度的增加(杨景成等,2003b)。贵州的研究案例表明,低复种旱作区(一年一季)、高复种旱作区(一年两季)和高复种复合农作区(一年三季)的土壤有机质平均含量分别为41.87g/kg、56.58g/kg、77.99g/kg(廖婧琳等,2009)。

此外,不同作物的轮作将改善土壤结构,其土壤有机碳库储量明显高于单作。在轮作过程中,增加残茬比例高的农作物,可以有效增加农田土壤有机质输入,进而提高土壤有机碳库;轮作豆科作物(生物固氮作用)将会增加后茬作物生长,也会对土壤有机碳汇集产生作用;轮作多年生作物则因为减少了耕作干扰,降低了土壤呼吸,从而减少了土壤有机碳的分解,增加了新增耕地土壤有机碳库。

3.3.2 耕作措施

耕作措施通过影响土壤理化和生物学特性来影响土壤团聚体、土壤呼吸、土壤矿化等因素,从而影响土壤有机碳库。一般认为,正是加快了土壤有机质的分解,耕作过程实际就是减少土壤有机碳库的过程。据估计,由于耕作原因,造成全球土壤有机碳库损失了78Pg C,占目前全球土壤有机碳储量(0~1m)的5%(Sá, et al.,2016)。然而,不同的耕作措施对土壤有机碳库影响不同,短期耕作处理下翻耕比旋耕、免耕的固碳作用大,但长期免耕的固碳作用明显。据测算,实施耕作措施100年后翻耕和旋耕土壤有机碳储量分别稳定在61225和48180 kg/hm²,比免耕后土壤有机碳储量66831 kg/hm²要低(张明园等,2012)。

传统耕作、翻耕将会破坏土壤大团聚体,形成大量有机质含量较低的小团聚体和游离态有机质颗粒,增加土壤呼吸作用,加快土壤有机质的分解。土壤有机质的减少又反作用于土壤微生物,使形成大团聚体的粘合物减少,进一步加快了土壤大团聚体的减少。免耕、少耕过程使耕地土壤不稳定碳输入增加,减少了风雨对土壤的侵蚀作用,有利于大团聚体的形成,对土壤有机碳库是起正面作用的。新增耕地的地力不高,农户在耕作过程中大多采取少耕措施,有利于土壤有机碳库的逐渐累积。

3.3.3 灌溉类型

灌溉是增加农田生产力的有效方式,尤其是在受水分胁迫的干旱、半干旱地区。在农村土地整治过程中,科学合理的农田水利工程不仅有助于农作物产量,也对项目区土壤有机碳库影响明显。据测算,水田有机碳质量分数(17.20 g/kg)显著高于旱地有机碳质量分数(14.78 g/kg),整治后水田含碳量几乎无差别、旱地有机碳含量大幅度提升(谭梦等,2011),体现了整治项目的固碳潜力。

此外,不同的灌溉类型会导致土壤水分含量和分布各有差异,沟灌、滴灌、渗灌和污灌等灌溉模式对农田土壤有机碳库的影响也各不相同。由于土壤水分含量和分布差异,沟灌最有利于土壤有机碳库汇集,滴灌则会加速土壤有机质矿化,土壤有机质最少,渗灌则处于两者之间。排除其他因素,污灌具有明显的农田固碳潜力。据估算,欧洲每年灌溉 9.8×10^6 t污水,污灌形成的固碳潜力达到 $2.7Tg\ C \cdot a^{-1}$ (Smith, et al., 2000)。同时,也有学者认为灌溉过程对土壤有机碳库无影响,甚至降低了土壤有机碳库(李发东等,2012)。究其原因,可能是不同的自然因素造成的。在湿润地区,土壤水分充足,灌溉对农作物生长的促进作用有限,却增加了土壤微生物活性,从而造成土壤有机碳库呈减少状态。总之,"万事有度,过犹不及",只有适宜于农作物生长和土壤发育的水分才会明显增加土壤有机碳库。

3.3.4 施肥方式

当前,我国农村土地整治后的新增耕地质量不高,一般都采取施化肥和有机肥的方式保障农作物产量。施肥对项目区农田土壤有机碳库的影响机理主要表现在:一是施肥可以提高农作物生物产量,增加土壤中作物残茬和根的输入;二是施肥影响土壤微生物的数量和活性,进而影响土壤有机质分解(杨景成等,2003b)。施肥可以有效增加农作物产量,提高作物残茬向土壤有机碳库的转化率,进而增加土壤有机碳库的输入;施用化肥(N、P)将增加土壤酸性,减少土壤微生物数量和活性,减慢土壤有机质分解速度。一般来说,不施肥的土壤有机质将下降,单施化肥基本维持土壤有机质原有水平,而有机肥的施用将明显增加土壤有机质(王旭东等,2000)。

当然,施肥也会额外造成大量的碳排放,尤其是化肥的生产、运输过程,也是农田管理措施的碳效应之一。1990—2010年,拉丁美洲农田管理措施造成的温室气体排放增幅加大,其中合成化肥、肥料管理、施用有机肥的碳排放 20 年间共增加了 57.4%、10.7%、31.8%,成为主要的农业碳排放来源(Wittman,et al.,2015)。

3.4 本章小结

根据农村土地整治的实施流程逻辑,整个项目的碳效应主要分为前期土地利用结构碳效应、中期工程措施碳效应和后期农田管理碳效应(表3-4)。

表3-4 农村土地整治的碳效应

整治环节	影响因素	类型	作用效果	周期
前期立项阶段	土地利用结构变化	高碳密度转为低碳密度	碳源	一次性
		低碳密度转为高碳密度	碳汇	一次性
中期施工阶段	土地整治工程措施	工程自身排放	碳源	一次性
		工程扰动项目区	土地平整、农田水利、田间道路为碳源,防护林、地力培肥为碳汇	一次性/年度
后期管护阶段	农田管理措施	种植制度	提高复种指数、轮作豆科或多年生农作物为碳汇	年度
		耕作措施	传统耕作、翻耕为碳源,免耕、少耕为碳汇	年度
		灌溉类型	沟灌、污灌为碳汇,其他灌溉作用不明;水田比旱地更固碳	年度
		施肥方式	施有机肥为碳汇	年度

在前期,项目区由高碳密度的林地、草地转换为低碳密度的耕地过程是项目区一次性碳库损失过程,是陆地生态系统中的一次性碳源;项目区由低碳密度的建设用地、水域转换为高碳密度的耕地过程是项目区一次性碳库增加过程,是陆地生态系统中的一次性碳汇。在中期,农村土地整治工程施工会大量使用柴油、水泥等能源和材料,是项目区一次性的碳排放过程,是陆地生态系统中的一次性碳源;而五大工程施工对项目区植被碳库、枯落物碳库和土壤有机碳库的扰动将是长期的影响。在后期,项目区新增耕地的种植制度、耕作措施、灌溉类型、施肥方式等农田管理措施通过影响土壤中有机质输入和分解而产生相应的碳效应。

4 农村土地整治碳效应的实证检验：
以林地开发耕地为例

4.1 农村土地整治碳效应的估算方案

从理论分析看,农村土地整治过程会对项目区碳库储量产生明显影响。然而,由于农村土地整治前后涉及的森林生态系统、农田生态系统等均为复杂多样的生态系统,各生态系统之间转换造成的碳库变化程度不一,需要进一步定量分析。不同树木、不同农作物具有不同的碳库,不同规模项目区的碳效应也不同,为此需要区分不同情境来选择农村土地整治碳效应的测算方法。鉴于农村土地整治影响的碳库均为陆地生态系统碳库的重要组成部分,相应的陆地生态系统碳库的计量方法也成为农村土地整治碳效应估算方案的基础。

4.1.1 陆地生态系统碳库估算方案

碳库估算方法多种多样,影响范围最广的是 IPCC 颁布的《2016 年 IPCC 国家温室气体清单指南》中的推荐方法。根据 IPCC 该指南条款,在不同的项目阶段、不同的碳库之间,要因地制宜地采用不同的碳库计量方法。在陆地生态系统中,项目区碳库可以分解为地上生物量、地下生物量、枯落物和枯死木碳库、土壤有机碳库四个分碳库。各分碳库均有不同的计量方法(Ravindranath & Ostwald,2009),将各分碳库汇总就可估算出项目区的总碳库(表4-1)。

表4-1 陆地生态系统碳库计量方法

碳库计量方法		特点
地上生物量	收获法	对森林甚至碳排放有干扰,成本高昂; 应用于草本和灌木等非树木生物量的估算
	涡度相关法	实验条件要求理想,专业技术人员水平要求高,成本高昂;应用于碳通量的测量
	遥感监测法	不适用于多种土地利用类型的项目; 不适用小尺度项目; 需要较强水平的专业技术人员和组织能力; 实用方法尚在改进中
	模型预测法	需要其他方法获得的基本参数; 不能随意推广到所有林龄组别; 估算方便快捷
	无样地法	需要与其他方法结合估算; 适用于单一期间稀树草原和树木密度稀疏的项目
	样地法	广泛应用于其他估算方法中; 成本效益高,基本方法相同
地下生物量	根挖掘法	需要把树或草连根拔除,干扰土壤有机碳库; 劳动力投入大,成本高昂
	根冠比	要求估算地上生物量; 方便快捷
	生物量方程	要求估算地上生物量; 方便快捷
枯落物和枯死木碳库	枯落物收集法	耗费人力、时间巨大; 结果可靠,可以得到分类估算结果; 需要考虑大风、野生动物等因素干扰
	贮存量变化法	观测次数少; 设备和工具较少、成本低; 需要考虑大风、野生动物等因素干扰
土壤有机碳库	漫反射光谱法	重复监测容易,速度快; 适用于大范围的土壤有机碳库监测; 成本高,需要技术力量强
	模型预测法	需要应用其他方法获得的基本参数; 所需参数较多
	实验室测算法	方法简便、结果准确,普遍采用; 烧失量法适用于通透气好的土壤; 碳氢氮分析仪法设备昂贵,维护成本高

4.1.1.1 地上生物量估算方法

由于地上植被碳库与枯落物碳库、土壤有机碳库等其他碳库有着密切的联系,因此地上植被碳库的测算是总碳库计量的基础。通过地上生物量和植被的含碳率就可以估算出地上植被碳库储量,国际上一般采用的含碳率为0.45~0.50(方精云等,2006;王效科等,2001)。当然,不同林木含碳率有差异,同一林木不同部位含碳率也有差异,因此在最终地上生物量估算时会有偏差(查同刚等,2008),但在现有技术精度要求下可以忽略。

(1)收获法

收获法的主要原理是在给定的地点和时间内,测量已选样地的树木生物量和非树木植物生物量。其中,测量样地树木生物量主要包括采伐样地内所有树木和测量树干、树枝、树叶等不同组成部分生物量两个步骤;测量非树木生物量(灌木、杂草、藤本和草)也要采伐样地内的所有木质和非木质植被后测量其重量。由于收获法测量样地树木生物量时需要破坏样地植被,并且每次需要砍伐新的样地,因此该方法具有成本高、破坏严重的局限性。同时,砍伐本身还会导致碳排放和碳库损失。鉴于成本高、效益低的原因,该方法一般不适用于大树的砍伐和称重,主要应用于以下情境:草本植物和灌木等非树木植被生物量的估算;具体位置的树种—树种间异速增长方程需求时;树木组成部分(树干、分枝、树叶)生物量或者生长率数据需求时等。

(2)涡度相关法

涡度相关法(*Eddy Covariance Method*, EC)是采用三维超声风速仪测定林冠层与大气之间湍流交换量的微气象学方法,是在林冠上方直接测定二氧化碳的涡流传递速率,从而计算出森林生态系统吸收固定二氧化碳通量的方法(Baldocchi, et al.,2001;查同刚等,2008)。该方法主要测量大气涡旋带动的二氧化碳向上或向下通过某一参考面时的差额,能够在理想状态下测算出生态系统的净碳通量。从测量原理上可以看出,该方法适用于中等尺度的项目,可以从几个小时到几年时间不间断直接测量二氧化碳的净转移量,得到的相关数据可以作为校正和验证树冠与区域关系碳平衡模型的主要输入参数。涡度相关法虽然是国际上广泛应用的方法,但其也有以下局限性:不适用于多个项目区;需要较为稳定的环境条件(风、温度、湿度和二氧化碳浓度)和相对平坦的地域;测量成本高昂,需要高技术的专业人员。

（3）遥感监测法

遥感作为长期监测陆地表面变化和碳储量变化的技术,为传统估算、监测和验证不同土地利用面积变化以及生物量、生长率变化提供了新的选择。应用遥感监测法的主要原理就是借助不同森林的林木参数(胸径、树高、冠幅、断面积、生物量)与相对应的光谱表现之间的关系来加以估算。将遥感图像中获取的归一化指数、增强植被指数、叶面积指数、有效光合辐射、叶投影覆盖度、树冠投影覆盖度等指标和现场测量、相关环境数据相结合,可以有效估算出项目区地上生物量。由于遥感技术和图像解译技术的不断发展,遥感监测法也在不断进步中,未来将是地上生物量监测的有效手段,尤其是全球、国家等大尺度监测上。然而,当前该方法尚受以下因素限制:对于小尺度项目显得成本过高;不适用于多种土地利用类型的项目;需要较高的技术水平和组织能力。

（4）模型预测法

模型预测法作为样地和非样地方法的辅助现场方法,主要是借助胸径、树高等林木参数与生物量之间的异速生长方程或回归模型来估算林木的碳储量。该方法借助林业资源调查获取的胸径、树高等参数和成熟商品林的异速生长方程,可以快速简便地估算出项目区地上生物量。由于现场测量的便捷性,模型预测法是最方便的估算方法,有时可能是唯一可用的方法。当然,该方法也有一定的局限性:生物量或生长率模型不适用多个土地利用类型的项目;需要砍伐和称重样地不同材积的树木,建立相应的异速生长方程或回归模型;建立的模型并不适用于所有林龄组,也不能推广到其他地方。

（5）无样地法

与上述四种估算地上生物量方法有所不同,无样地法和样地法是抽样方法的不同,最后估算项目区地上生物量还需借助上述四种方法。无样地法是在项目区建立一系列平行样地线,在样地线上每隔10米确定一个抽样位置,在抽样位置上划分4份抽样点,随后测量记录抽样点上树种名、胸径、树高等参数。在现场测量后,应用抽样点与树木间距离估算出树木间平均距离和每公顷树木密度,应用树木胸径、树高和生物量方程估算出地上生物量。该方法主要适用于单一期间的稀树草原和树木密度稀疏的项目区,可以在较短时间内运用较少人力来覆盖较大区域,无法适用于定期重复监测项目区或测量多种土地利用类型的项目区。

(6)样地法

样地法是用于估算树木和非树木地上生物量的最常用方法。根据乔木、灌木和地表植被(草本)等不同类型地上植被来设置不同样地,然后再选用收获法、生物量方程或者材积数据来估算样地上的乔木地上生物量,选用收获法估算样地上的灌木、草本等非乔木植被的生物量,最后再根据抽样规则将之推广到项目区。该方法广泛应用于国内外的地上生物量估算中,可应用于天然林、次生林、人工林、防护林、草原、混农林等各种土地利用类型,适用于成熟林、中龄林、幼龄林等不同年龄的林木,具有成本效率高、重复监测性好、应用尺度广的优点。

4.1.1.2 地下生物量估算方法

地下生物量是指所有活着根(一般将直经2mm以下的细根排除在外)的全部生物量。地下生物量是许多植被类型和森林、草原、农田等不同生态系统的重要组成部分,约占全部生物量的20%~26%。因此,估算地下生物量对于测算碳库储量十分重要,具有研究必要性。然而,测量和监测地下生物量的方法在现场很难建立,应用频率低,尚未形成标准化的操作程序。当前常用的估算方法主要有以下三种:

(1)根挖掘法

根挖掘法是指挖掘、测量已知深度下一定土壤容积内所有根生物量。由于细根集中于30cm范围内,所以挖掘深度最少要超过30cm。该方法相对复杂,一般适用于单一树种或者几个树种的乔木项目区。由于根测量的复杂,死根和活根、细根和粗根、样地内和样地外区分困难,该方法只有在没有可行的生物量估算方程时才采用,具有劳动力投入大、成本高、砍伐树木、干扰土壤等缺点。

(2)根冠比

某一树种、森林类型中,树木的根与茎生物量之间存在着一定的比例关系。因此，依据地上生物量，就可以推算出对应的地下生物量。已有研究指出，在评估热带、温带、寒温带森林160多项地上生物量与地下生物量关系后发现，地下生物量和地上生物量的比率在0.20～0.30，平均值为0.26(Cairns，et al.，1997)。这一比率没有随着纬度、土壤结构、树木种类等变化而发生明显变化。因此，在大多数森林项目估算中，可以采用根冠比缺省值0.26来关联地上生物量和地下生物量。该方法可以迅速推算出地下生物量，但其估算精度有限，而且需要获知地上生物量数据。

(3)生物量方程

地上生物量与地下生物量之间的关系除了根冠比可以揭示外，还可以采用异速生长方程来反映。该方法建立在已有样本构建的回归方程基础上，其首要条件是估算出地上生物量和明确选用的生物量方程。国外已有研究建立了不同气候条件下的地上生物量和地下生物量之间的生物量方程(表4-2)，也可以直接建立某一树种、森林类型的异速生长方程(Cairns，et al.，1997)。在估算出地上生物量后，根据不同的情境选择适宜的生物量方程，可以计算出地下生物量。

表4-2　森林地上生物量与地下生物量的生物量方程

条件与自变量	方程Y—根生物量(t)	样本大小	R^2
所有森林，地上生物量	$Y=Exp[-1.085+0.9256 \times LN(AGB)]$	151	0.83
所有森林，地上生物量和林龄	$Y=Exp[-1.3267+0.8877 \times LN(AGB)+1045 \times LN(AGE)]$	109	0.84
热带森林，地上生物量	$Y=Exp[-1.0587+0.8836 \times LN(AGB)]$	151	0.84
温带森林，地上生物量	$Y=Exp[-1.0587+0.8836 \times LN(AGB)+0.2840]$	151	0.84
寒带森林，地上生物量	$Y=Exp[-1.0587+0.8836 \times LN(AGB)+0.1874]$	151	0.84

注：①LN：自然对数；Exp："e指数"；AGB：地上生物量(t)；AGE：林龄(年)；

②来源于参考文献(Cairns，et al.，1997)。

4.1.1.3 枯落物和枯死木碳库估算方法

枯落物和枯死木碳库占天然林和人工林总碳库量的10%,而在其他土地利用类型碳库中几乎可以忽略不计,并不是草原、农田等土地利用类型的主要碳库。进一步地说,林地转变为耕地、草地等其他土地利用类型时,将直接导致枯落物和枯死木碳库的全部损失。区别于森林生态系统中的地上植被,枯落物与枯死木均属于死有机物。其中,直径大于等于10cm的枯死树干和树枝构成了枯死木碳库,直径小于10cm的树干与树枝则组成了枯落物碳库。两者直径的差异也决定了生物量估算方法的不同。枯死木(包括枯立木和枯倒木)的估算方法与地上生物量的估算方法完全一致,均可以采用收获法或者异速增长方程等生物量模型来估算。枯落物包括木质的(树干和树枝)和非木质的(树叶和繁殖部分)两种,其估算方法可以概括为收集法和贮存量变化法。

(1)收集法

收集法的原理就是在样地中划出枯落物区域,固定时间来收集一次落入枯落物塔盘内的枯落物,将其分类烘干称量后得到各类枯落物的干重,最后由样地枯落物干重推算得到项目区枯落物生物量。该方法可以得到每年枯落物生物量的可靠估算值,甚至还可以分类估算。但由于需要定期收集枯落物,需要大量人力和时间,同时还需考虑大风、野生动物等意外因素产生的影响。

(2)贮存量变化法

贮存量变化法则采用样地某一时间段前后的枯落物碳贮存量变化来推算每公顷枯落物生物量。其本质是将收集法中的枯落物塔盘转换为样地,然后一定时间后再测算样地枯落物干重,以样地枯落物碳贮量变化来推算每公顷枯落物生物量。该方法观测次数少、设备和工具较少、成本低,是一个广泛应用的方法。当然,也需要考虑薪炭材使用或者大风吹走等原因造成的枯落物流失。

4.1.1.4 土壤有机碳库估算方法

土壤碳库包括有机碳库和无机碳库两种,但无机碳库比重较小且稳定,短时间内一般不会发生变化。鉴于此,分析人类活动造成的碳库变化时主要关注土壤有机碳库。土壤有机碳对于大多数土地利用类型都是重要组成部分，尤其是对于没有树木的农田、草原等。在没有受到干扰的天然林或草原环境中，土壤有机碳储量是相对稳定的。但随着土地利用变化，土壤表层受到干扰，将导致土壤有机碳库发生急剧变化。原有有机碳含量较高的土地利用类型（如林地等）转变成农田等土地利用类型后，一般表现为土壤有机碳含量下降，而且在前几年下降速度快，随后下降速度逐渐平缓，最终有机碳库总量稳定在一定范围内。原有有机碳含量较低的土地利用类型转变成农田等土地利用类型后，在合理利用和管理下，土壤有机碳含量将逐渐提高，最后稳定在一定范围内（图4-1）。

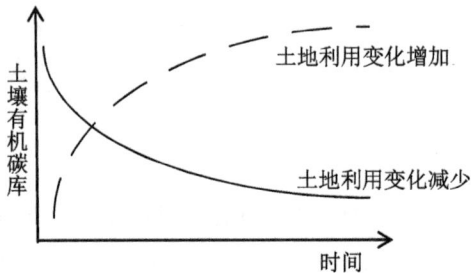

图4-1　土壤有机碳库与土地利用变化关系

土壤有机碳库储量受地上生物量输入、土壤内部物理特性、外部自然条件、人为因素等众多因素影响，其最终储量存在着不确定性。现有估算土壤有机碳库的方法一般有漫反射光谱法、模型预测法、实验室测算法，具体应用特点可以概括如下：

（1）漫反射光谱法

漫反射光谱法是以可见红外光与物质相互作用为基础来分析物质成分特点的一项技术。采集土壤样品后运用人工光源照射，记录从样品中反射出的光谱，就可得出与各光谱相对应的土壤成分。该方法重复监测容易、速度快、成本效率高，是进行大面积范围内土壤监测的有效手段。当前影响其发展的主要局限是需要专业的设备和技术人员，需要为包括土壤所有特性的土壤群建立校正库。

（2）模型预测法

从建模思路出发，土壤碳库模型可以分为统计回归模型和过程模型两类,其中统计回归模型属于经验性模型,过程模型则为半经验半机理性或者机理性模型(陈泮勤等,2004)。统计回归模型是依据实验测定的土壤有机质、容重、深度等外界因素和土壤有机碳库储量来进行回归分析,并据此建立模型外推。此类模型一般所需因子少,使用方便,但也由于经验性较强,主要适用于某些具体条件的土壤,在外推时可能存在误差。过程模型则是从影响土壤有机碳库的气候数据、土壤数据、地上植被中的木质素、氮、磷等出发,构建土壤有机碳库的变化机理模型,代表性的有CENTURY模型。过程模型的优点是适用于样地、项目、区域和国家等不同尺度,适用于森林、草原、农田等不同生态系统,应用范围广;不足之处是所需输入参数较多,很多参数在外推到其他尺度或者生态系统时需要进行检验和修正。

(3)实验室测算法

实验室测算法是指通过现场抽样采集土壤样品后,利用有机碳相关化学反应来测算土壤有机碳库,主要有湿法消解法、烧失量法、碳氢氮分析仪法等,可以根据项目范围大小、精度要求和成本控制来选择适宜的方法。湿法消解法利用 $K_2Cr_2O_7$ 与 H_2SO_4 的混合液氧化土壤中有机物为二氧化碳的原理来测定,具有成本效率高、使用设备少、经济有效的优点。烧失量法则是利用有机物高温燃烧后样品损失重量的原理来推算土壤有机碳库,其测算结果相对准确,适用于透气良好的土壤样本(砂子和泥炭土壤等),不适用于石灰质土壤。碳氢氮分析仪法则是利用氦气和氧气来促使土壤中有机碳氧化成二氧化碳的原理估算土壤有机碳库,其估算结果非常可靠,可以有效分析大量样本,但是仪器昂贵、维护成本高。总体上来说,各种实验室测算法均有各自的优点和缺点,如何在测算成本和精度之间达到一种平衡是选择关键。

4.1.2　农村土地整治碳效应估算方案

碳库的影响因素众多,对其估算存在不确定性。如上所述,陆地生态系统碳库的计量方法多种多样,拥有各自的优劣势,适用于不同的项目背景。如何在众多方法中选择合适的估算方法是进行碳效应估算的首要条件。农村土地整治是一种典型的土地利用变化行为,涉及陆地生态系统中的重要碳库,对其碳库计量方法的选择也应更为谨慎。所选方法的差异可能导致农村土地整治过程对项目区碳库的影响呈现不一样的结果。由于项目区各分碳库的基本构成、影响因素等各方面差异,其计量方法种类繁多(表4-1)。如何因地制宜地选择合适方法来估算农村土地整治过程涉及的各分碳库,是将碳循环理念引入到农村土地整治行为中的关键。

作为估算,准确性一直是方法选择的终极目标。但估算精度和估算成本是一个矛盾的统一体,如何在合适成本的前提下估算出可用精度的结果是估算方法可以得到广泛应用的基本条件。土地整治项目规模的大小是制定项目预算的初始条件,也是项目重要性和影响范围的有效体现。规模越大的项目,其预算成本越高,资金支持力度越大,对成本的容忍程度也越高。同时,规模越大的项目,其对生态环境的影响范围也越大,产生的碳效应也越大,因此对估算结果的精度要求也越高。反之,规模小的项目则更应注重成本预算控制,以寻求合适成本条件下得到精确度适中的估算结果。综上所述,项目规模的大小应该是选择农村土地整治过程中碳库计量方法的考量指标。规模越大的项目,估算成本的容忍程度越高,选择的碳库计量方法更为注重精确度;规模越小的项目,估算成本的容忍程度有限,应该在合适成本控制下选择可用精度的碳库估算方法。综合考虑估算精度和估算成本,本书提出两类农村土地整治碳效应估算方法:规模大的项目可以采用精确度更高的实验室估算方法,规模小的项目可以采用成本更低的碳密度估算方法。

基于抽样调查的实验室估算碳库方法是陆地生态系统碳库估算方法在农村土地整治项目中的实际运用,是原有陆地生态系统碳库估算方法的一种改进。综合考虑农村土地整治项目涉及的研究尺度、碳库类型、植被类型、施工过程等因素,从陆地生态系统碳库估算方法中选择开发前项目区地上生物量、地下生物量、枯落物和枯死木碳库、土壤有机碳库的估算方法以及开发后项目区植被碳库、土壤有机碳库的估算方法。由于涉及大规模的资源调查、现场取样、实验室测定等步骤,该方法估算成本高、耗时长,但精确度较高,适用于成本预算多、精度要求高的大规模农村土地整治项目。同时,该方法适用于全国范围,如有全国范围的技术标准引导控制,研究结果将具有全国层面对比性。

基于元分析的碳密度估算碳库方法是以各分碳库的碳密度为核心而构建的,与现有陆地生态系统碳库估算方法并不相同。受地上植被种类(不同林木、农作物种类)、自然气候条件(不同气候区)等因素影响,全国各地的碳密度并不一致。为此,可以构建出全国五大气候区不同林木、不同农作物的碳密度估算参数,以此推算项目开发前后项目区碳库。由于不需进行实验室测定,该方法估算方便,但精度稍差,适用于成本预算少、精度要求不高的小规模项目。由于碳密度标准参数值还不明确,全国范围内进行实验测定又是一项长期工程,本书使用元分析方法综合了全国五大气候区的多项独立研究成果,初步构建了基于元分析的碳密度估算碳库体系。该估算方法适用于全国范围,具有全国可比性。然而,现有各项研究成果的背景、方法等存在差异,各项研究结果存在的误差可能会影响估算结果的精确度。为此,未来可以出台相关技术标准,引导全国的碳密度标准参数的确定,提高各气候区的相关项目估算的精确度。

4.2 林地开发耕地碳效应的估算方法

不同类型的农村土地整治项目,在项目流程、施工措施、土地利用结构变化、新增耕地规模等方面存在一定的差异,其对项目区产生的碳效应也有明显差异,不利于统一分析。林地开发耕地项目由于涉及森林碳库、农田碳库两种至关重要的陆地生态系统碳库,对项目区碳效应比较明显,有利于项目开发前后的对比研究。本书以林地开发耕地项目为例实证分析农村土地整治的碳效应,揭示项目开发对项目区碳库产生的影响。

4.2.1 基于抽样调查的实验室估算方法改进

由于现场抽样调查和实验室测算都需要耗费大量的人力物力,整个测算过程耗时较长,该估算方法更适用于大型农村土地整治项目。基于抽样调查的实验室估算方法的核心思路可以概括为：在项目区中抽样选择数量、大小合适的样本区，从样本区上获取地上植被、根、枯落物和枯死木、土壤等样品，运用实验室仪器分别精确测算各分碳库的储量，进而推算整个项目区的碳库储量。由于各分碳库计量方法多样，部分运用现场调查或者实验室测算的估算方法也可以归入此体系之中。

该估算方法的估算精度较高，但其估算成本（人力成本、设备成本和时间成本）也相应较高。在此估算方法中，确定项目区抽样方法是前提，明确项目开发前后的各分碳库估算方法是整个估算体系的核心。

4.2.1.1 抽样调查方法

由于该估算方法主要应用于大规模项目，因此测量和监测项目区所有的地上植被、根、枯落物和枯死木、土壤等碳库变化显得不太现实，选择适宜的抽样方法后进行推广估算是可靠的替代途径。抽样方法包括简单随机抽样、分层随机抽样和系统随机抽样。标准的抽样理论是根据群落随机抽取样本，以尽可能地保证样本中涵盖所有群落单元。基于不同的准确度和精确度要求，针对不同的土地利用类型，可以确定不同的抽样样地的形状、数量、大小等参数（Ravindranath & Ostwald，2009）。

（1）样地形状

样地形状是影响测量准确度和难易程度的重要指标。林木、农作物等植物研究中，尽管有条状、圆状等样地形状，但在实际操作中一般还是选择长方形或者正方形为宜。条状样地在有大树的地方标记困难，描绘标记边界线也很困难；圆形样地标记和描绘较为困难，周长的增加也导致样地边界线上树木较多，处理困难。长方形或者正方形样地容易设计，易于建立边界点，适用于幼龄林、中龄林、成熟林等所有林龄组别和森林、农田、草原等各种生态系统。

（2）样地数量

样地数量是关乎估算精确度和成本的核心指标，在两者兼顾的条件下确定适宜的样地数量是抽样方法中的重要一步。样地数量取决于期望精确度、项目规模、植被参数变量、可行的预算和成本。一般来说，项目开发前后的碳库变化越大，实现同等置信水平的精确度所需要的样地数量也就越多。抽样的样地数量确定方法很多,一般可以采用以下步骤来加以计算确定:确定期望精确度,估算方差,估算整个测算成本,确定允许误差,确定置信区间,决定层级数,确定样本数量。

(3)样地大小

样地大小和样地数量一起直接影响估算成本。样地越大,两个抽样间的变化就越小,样地数量也可以减少。具体的样地大小,还是以树木大小、项目规模和林分密度变化等为判断基础。一般来说,树木胸径越大,所需样地也要越大;异质群落(植被种群变化大的群落)需要更大的样地;同质植被则要求小的样地。

4.2.1.2 项目开发前林地碳库估算

(1)地上生物量估算

林地开发耕地项目中涉及的林地、耕地均有大量地上植被,尤其是林地上的森林生态系统更是以地上生物量为主要组成部分。林地地上生物量的精确估算是林地开发耕地项目碳效应估算的重要组成。在众多的陆地生态系统碳库计量方法中,遥感监测法和气候生产力模型、光能利用模型、机理模型等模型模拟法适用于国家和全球等大尺度的地上生物量监测,涡度相关法则不适用于多个土地利用地块,因此都不是最适用于林地开发耕地项目碳库计量的最佳方法。根据林地的地上植被特征,可以选择收获法、生物量模型来估算开发前林地的地上生物量。由于乔木与灌木、草本等植被结构差异较大,其估算方法也略有差异。

◇乔木

收获法和生物量模型均可以应用于乔木碳库估算,各有优劣势。在陆地生态系统碳库估算方法中,收获法需要砍伐样地上的所有乔木,耗时耗力,对森林和土壤干扰比较大,并不是乔木碳库估算的最佳选择。然而,对于林地开发耕地项目,项目施工流程要求首先砍伐清理项目区的林木等地上植被后才能进行土地平整等工程,故该方法在此背景下也可以使用。生物量模型是进行项目区林地碳库储量估算的最快捷方法,其估算结果也较为准确。通过项目区林木资源调查,可以获得项目区林木的龄组、胸径、树高等统计清查资料。根据地上生物量与相关林木参数之间的异速增长方程、生物量方程，可迅速推算出林地中地上植被的碳库储量。

◇灌木和草本植物

不同于乔木碳库估算，收获法是估算灌木和草本植物等地上植被的最便捷方法。由于林地开发耕地项目的施工要求，林地上的灌木和草本植物也将被收获清除，正好符合收获法的基本条件。同时，不同于乔木植物结构，灌木、草本植物等地上植被结构更适用于实验室测算，而无法运用现场调查获取林木参数后进行生物量方程估算。

(2)地下生物量估算

林地开发耕地项目涉及的林地是植物性生态系统，其地下生物量是总碳库的重要组成部分。陆地生态系统估算地下生物量的常用方法有根挖掘法、根冠比和生物量方程法，这些方法也适用于林地开发耕地项目。由于乔木和灌木、草本植物的根存在差异，其地下生物量估算方法也有所不同。

◇乔木

根挖掘法、根冠比和生物量方程法均适用于乔木地下生物量的估算。根挖掘法同收获法估算地上生物量的原理一致，该方法会破坏土壤结构、耗时耗力，一般并不是乔木地下生物量的最佳方法。然而，由于林地开发耕地项目的施工特殊性，在土地平整前可以划定样本区后将地上植被样品和地下根样品统一收获挖掘后进行实验室测算。收获法和根挖掘法估算结果准确，是林地开发耕地项目中林地地上生物量和地下生物量估算方法的有效手段。同时，依赖于现场调查的根冠比和生物量方程也是乔木地下生物量的快速估算方法。通过各树种的根冠比方程或者生物量方程，可以建立地上生物量和地下生物量之间的模型关系，从而在估算地上生物量后快速确定地下生物量。

◇灌木和草本植物

由于灌木和草本植物的地下生物量和地上生物量定量关系的模糊性，根冠比和生物量方程并不适用于项目区灌木和草本植物的地下生物量估算。与地上生物量的估算方法一致，根挖掘法（原理同于收获法）是灌木和草本植物地下生物量的最佳方法。借助于项目实施过程中的土地平整，可以获取灌木和草本植物的根样本后进行实验室测算，从而推算出项目区灌木和草本植物的地下生物量。

(3)枯落层和枯死木碳库估算方法

枯落层和枯死木碳库作为森林生态系统中重要的碳库组成部分,是沟通地上植被碳库与土壤有机碳库的重要枢纽。然而,在农田生态系统中却不存在着枯落层和枯死木碳库。从碳循环角度看,林地开发耕地过程也是枯落物和枯死木碳库全部损失的过程。

从前述陆地生态系统碳库计量方法可知,枯落物和枯死木虽然都是死的有机物,但由于直径大小的差异其估算方法也有区别。枯死木碳库的估算方法与地上生物量估算相一致(枯死木与地上植被的差别在于树木是否存活),枯落物碳库则一般采用收集法或者贮存量变化法。在林地开发耕地项目中,原有森林生态系统中地上植被、枯落层和枯死木、地下根等收获清理是进行土地平整施工的前提条件。项目施工要求的特殊性决定了林地开发耕地项目的枯落物碳库估算方法的特殊性,而不需要关注枯落物的年变化量,收集法是最佳估算方法。在项目区抽样划定样地后,收集样地中的所有枯落物,对其进行称重测量,估算枯落物的干物质重量,进而就可以推算单位面积枯落物生物量和项目区枯落物碳库储量。项目区林地上的枯死木碳库和枯落物碳库即表明林地开发耕地过程造成的枯落物和枯死木碳库损失情况。

(4)土壤有机碳库估算方法

林地开发耕地过程对项目区的土壤有机碳库产生了明显影响,是碳库变化的重要组成部分。根据林地开发耕地项目的施工要求,估算林地中土壤有机碳库储量一般可以采用漫反射光谱法、模型预测法、实验室测算法(湿法消解法)等,其中方便快捷、成本效益高的是湿法消解法和模型预测法相结合。在项目区样地中获取土壤样品后,运用湿法消解法测定出土壤有机质含量,再根据土壤有机质、土壤容重、土壤深度和土壤有机碳库之间的统计模型就可计算出开发前项目区的土壤有机碳库储量。

4.2.1.3 项目开发后耕地碳库估算

(1)植被碳库

农田生态系统的植被主要是水稻、小麦等非木质植被,其碳库估算方法与森林生态系统中的灌木、草本估算方法相一致，都可以运用收获法测算。通过抽样调查获取各样本区中植被样品，再运用实验室测定植被叶、茎、果、根等各部分碳库，最后汇总得出植被碳库。值得注意的是，由于农田生态系统是林地开发耕地项目完成后建立的，因此测算新增耕地的植被碳库需要在项目完成后的较长时间方可实现。当然，也可以采用"空间换时间"的方法，在周围农田中选择合适的样本区，测算其植被碳库的储量，以此替代项目开发后新增耕地的植被碳库。

（2）土壤有机碳库

从项目背景出发，耕地中土壤有机碳库的估算方法与林地中土壤有机碳库的估算方法相一致，均可以采用漫反射光谱法、模型预测法、实验室测算法（湿法消解法）等方法。湿法消解法和模型预测法相结合的方法将是最为快捷的估算方法。在林地开发耕地项目的前后，选择一致的土壤有机碳估算方法更有利于对比结果的准确性。当然，项目实施时间仍是必须关注的，也可以采用"空间换时间"的方法来减少估算的时间成本。

4.2.1.4 基于抽样调查的实验室估算方法的总体框架

林地开发耕地过程涉及森林生态系统、农田生态系统中多个分碳库，开发前后项目区碳库变化情况复杂。对于规模较大的林地开发耕地项目，其前期预算成本较高，可以采用实验室测算各分碳库的方法来掌握分碳库变化情况，提高项目区碳库变化估算的精确性。在该估算体系中，选择合适的抽样方法来划定项目区样地是前提条件，抽样效果决定着实验室测算结果的推广精度。在项目区划定样地后，根据森林生态系统和农田生态系统不同的分碳库特征，结合林地开发耕地项目的施工特点，再选择各分碳库的适宜估算方法。

对比分析森林生态系统和农田生态系统的碳库估算体系可以发现：森林生态系统增加了地下生物量、枯落物和枯死木碳库两个分碳库估算；森林生态系统中地上生物量和地下生物量估算方法区分了乔木和灌木、草本两种植被；两个生态系统的土壤有机碳库估算方法基本一致；农田生态系统植被碳库估算方法与森林生态系统地上生物量中的灌木、草本估算方法基本一致；在林地开发耕地过程中，土壤有机碳库的基本形态未受影响，最方便快捷的估算方法是实验室测算和土壤有机碳库的统计模型相结合的方法（表4-3）。

表4-3 林地开发耕地项目区的实验室估算碳库方法

森林生态系统			农田生态系统	
分碳库	二级分类	估算方法	分碳库	估算方法
地上生物量	乔木	收获法	植被碳库	收获法
		蓄积量法		
		生物量方程		
	灌木、草本	收获法		
地下生物量	乔木	根挖掘法		
		根冠比法		
		生物量方程		
	灌木、草本	根挖掘法		
枯落物和枯死木碳库	枯死木	收获法	—	—
		蓄积量法		
		生物量方程		
	枯落物	收集法		
土壤有机碳库	—	实验室测算法	土壤有机碳库	实验室测算法
		模型预测法		模型预测法
		漫反射光谱法		漫反射光谱法

由于森林生态系统和农田生态系统中植被结构差异，农田生态系统缺少枯落物和枯死木碳库，其地下生物量（农作物根）较小而一般选择并入植被碳库。因此，在林地开发耕地项目中，地下生物量、枯落物和枯死木两个分碳库仅存在于森林生态系统中。不同于农田生态系统，森林生态系统的地上生物量和地下生物量估算时还需考虑乔木和灌木、草本植物两大植被类别的差异：针对乔木特殊的植物结构，可以借助现场调查获取的胸径、树高、龄组等林木参数和生物量方程进行快速估算。

总体上看，基于抽样调查的实验室估算碳库方法是以样地中样品的实验室测算为核心的估算方法。同时，由于林地开发耕地项目的施工要求，收获法、根挖掘法或收集法等成为估算项目开发前森林生态系统碳库的有效选择。砍伐收获项目区地上植被、平整项目区土地等步骤是林地开发耕地项目的必备步骤。在项目施工过程中，收集样地中地上植被、地下根、枯落物和枯死木、土壤等样品，对其进行实验室测算，可以估算出样地中各分碳库，进而推算项目开发前林地的碳库总储量。当然，由于乔木的林木参数和生物量之间的定量关系，也可以采用生物量方程法。通过现场测量树种、胸径、树高、龄组等林木参数，就可以推算乔木的生物量和碳库。收获法获取的估算结果更为准确，统计模型（蓄积量、根冠比、生物量方程等）估算更为便捷，如何选择可以统筹考虑成本（经济成本、时间成本等）和精度的相互要求。

4.2.2　基于元分析的碳密度估算方法构建

4.2.2.1　元分析方法

元分析方法是一种广泛应用于医学、心理学、教育学等学科的系统评价方法。该方法最早由美国教育学家 Glass 提出，并将其定义为：综合已有研究，将相关的单个研究结果汇集成大样本数据，再进行统计分析得出总结性结论的研究方法，是一种分析之分析（Glass，1976）。虽然元分析方法的定义尚未得到统一，但其综合已有研究成果来进行再分析的核心思想已经得到广泛应用。越来越多的学者认为，元分析是汇总多个同类研究结果，并对研究效应进行定量合并的分析研究过程，其主要分析过程包括提出问题、搜索相关文献、制定文献纳入和剔除标准、提取资料信息、统计检验、结果分析等（郭明和李新，2009）。虽然元分析方法最早应用于教育学，但20世纪80年代以来在医学领域的快速发展是其得到广泛应用的表现，直至现今成为新的学科——循证医学的主要内容和研究手段（屈云等，2003）。当然，随着研究的不断深入，元分析方法正在其他领域得到应用，管理学（张翼等，2009）、营销学（范秀成等，2009）、组织学（冯明和任华勇，2010）、社会学（张军华，2010）、生态学（张军华，2010）、生物学（王晶等，2009）等领域都已经开始应用元分析方法。

元分析方法作为一种合并、总结和评论以往定量研究的统计分析方法，也是一种定量研究方法（张翼等，2009）。然而，这种定量分析却没有一成不变的分析步骤。进行元分析没有唯一正确的方法（Hall & Rosenthal，1995），整合已有定量研究结果的再分析过程都可以认为是元分析方法。根据研究基础、数据来源和分析目标等,可以将元分析划分为三类:文献结果元分析(*Meta-analysis based on literature*,MAL)、综合数据元分析(*Meta-analysis based on literature*,MAS)、独立研究原始数据元分析(*Meta-analysis based on individual patient data*,MAP or IPD Meta-analysis)。其中,文献结果元分析的检索局限于已经发表的文献,然后将这些研究的结果合并进行分析;综合数据元分析不仅要得到相关发表的文献,同时还有作者进行的相关统计学数据总结;独立研究原始数据元分析除了要检索所有已发表的相关文献,还要寻找存在于各科学团体中未发表的有关文献,在综合数据元分析基础上更进了一步。

不同研究目的、研究领域的元分析方法具体步骤并不完全一致,但完整的元分析方法一般可以概括为以下步骤:确定问题、收集文献、整理数据、统计分析、结果解释等。当然,有些研究背景不同于元分析原本的研究背景,有些研究目的并不是统计分析,在具体的研究过程中需加以考量而删减相关程序。

(1)确定研究问题

与其他研究一样,元分析首先就是确定研究问题,这一步骤在元分析方法中尤为重要。只有清晰地界定了研究问题边界,将研究视角聚焦于某一方面,才能开展后续相关研究。在确定研究问题时,需考虑原始文献数量,以确保可以获得足够多的原始样本数据。

(2)收集和筛选文献

系统、全面地收集研究问题相关文献是高质量使用元分析方法的基础。在收集过程中,应尽量找全所有相关文献(包括未发表文献),以减少发表偏倚造成的结果偏差。掌握合适的收集标准,实现查全率和查准率的有效统一是收集文献过程中需要注意的事项。根据研究质量控制标准和文献数量的统计要求,对收集到的文献进行筛选,剔除其中不合格文献,是保证后续研究效度的关键步骤。

(3)整理数据

在整理录入数据时,需要对每篇文献进行单独评价,以确定偏差的可能方向以及文献中样本数据是否可以用于元分析。对于可信度不高或者不符合研究标准的文献，在审慎甄别后加以剔除；对于入选文献，应详细记录研究结果及对应的统计数据(如样本数、P值、平均值、标准差等)。

(4)统计分析

统计分析过程是元分析的核心步骤，在很大程度上决定了研究结果。在获取大量研究样本数据后，需要进行检验、合并等步骤后才能加以分析。一般可以有三个主要步骤：同质性检验、多个实验效应合并、效应尺度的检验(屈云等，2003)。一致性是进行合并的基础，在统计学上，只有同质数据才能进行多项研究的统计量合并(张翼等，2009)。在具体分析过程中，一般首先采用P值或者卡方检验进行各研究结果之间的同质性检验，然后对多个独立研究进行加权合并，最后还需通过假设检验法或者可信区间法来检验合并后的效应量是否具有统计学意义。

(5)解释结果

不同的研究目的，最终的元分析结果解释方向也不同，但完整的元分析一般关注以下三个方面：一是初始考察的关键研究变量间关系是否呈现集中趋势；二是单个研究结果与元分析整体结果是否一致；三是在单个研究结果与元分析整体结果存在异质的情况下分析有哪些调节变量。

作为一种数据挖掘方法，元分析通过合并多个已有研究成果再次发挥了原有研究价值，并回避了单个研究的偶然性，反映了整体变化趋势。尽管元分析方法有着明显的优势，并且在医学、教育学、心理学、生态学等方面得到了广泛应用，但仍无法回避"苹果和桔子问题"、各种偏倚存在、独立研究的质量、研究间的非独立性等问题。

4.2.2.2 林地开发耕地过程中碳密度的元分析框架

元分析方法虽然已经在其他学科得到广泛应用，但在土地学科中应用仍不多，仅有部分学者进行了初步探索(郭明，2007)。元分析方法虽然不能揭示具体的细节内容，但却是一种纵观全局的有效工具。在保证各个独立研究质量的前提下，通过元分析方法框架可以获得高质量、普适性的综合分析结果。中国地域辽阔，境内气候带类型、土壤类型、植物带类型、土地利用类型等多种多样，具有复杂多变的特征。在此背景下，植被、土壤的碳密度变化也具有复杂多样性。科学构建出涵盖全国范围的碳密度参数体系将是一个耗时耗力工程,不利于农村土地整治中碳循环理念的引入和发展。幸运的是,长期以来,众多学者进行了大量的林地、耕地等碳密度观测,研究区域遍及全国各地。通过元分析方法将这些研究成果汇总,可以分区域地初步建立碳密度参数体系。在条件适宜时,由国家出台技术指导标准,在实践中逐步构建完善省级甚至市级碳密度参数体系,可以加快土地整治乃至土地管理的碳循环理念引入。

鉴于构建碳密度估算体系的研究目的,本书的元分析过程要少于前述一般步骤,更关注多个独立研究结果的加权合并,以获取区域碳密度基本参数,无需进行研究结果分析阶段。

4.2.2.3 中国土地碳密度的区域特征

不同的土地利用类型具有不同的碳库储量,对应着不同的土地碳密度,如林地的碳密度明显高于沙地等。然而,同一种土地利用类型中,不同区域的碳密度也存在着明显差异。其主要原因在于植被(森林、农作物等)生长、土壤发育等离不开光、温、水等气候条件支持,不同的气候条件决定了适应性的植被、土壤类型。虽然同属林地,热带季风气候中的热带雨林与寒温带季风气候中的针叶林具有显著差异,其碳密度也呈现明显不同。中国地域辽阔,植被、土壤类型多种多样,其碳密度存在明显区域差异。选择气候类型作为划分土地碳密度区域的依据是符合自然规律的,也有利于全国范围内建立起相应的碳密度参数体系。

由于光照、温度、水分等要素的纬度地带性分异、非地带性分异和垂直带性分异等地域分异规律,中国的气候类型也有明显的变化规律,大体上可以划分为热带季风气候、亚热带季风气候、温带季风气候、温带大陆性气候、高原高山气候(图4-2)。

　　不同的气候类型区，有着适应其气候条件的植被类型和农作物类型，也发育着此气候条件下相应的土壤类型。林地开发耕地项目中涉及林地、耕地等土地利用类型，其上生长的植被、农作物和发育的土壤类型都与项目所在地气候条件相适应(详见表4-4)。因此，不同的气候类型下，估算林地开发耕地过程中的碳效应所采用的碳密度参数也应相应调整，以与当地实际情况符合。

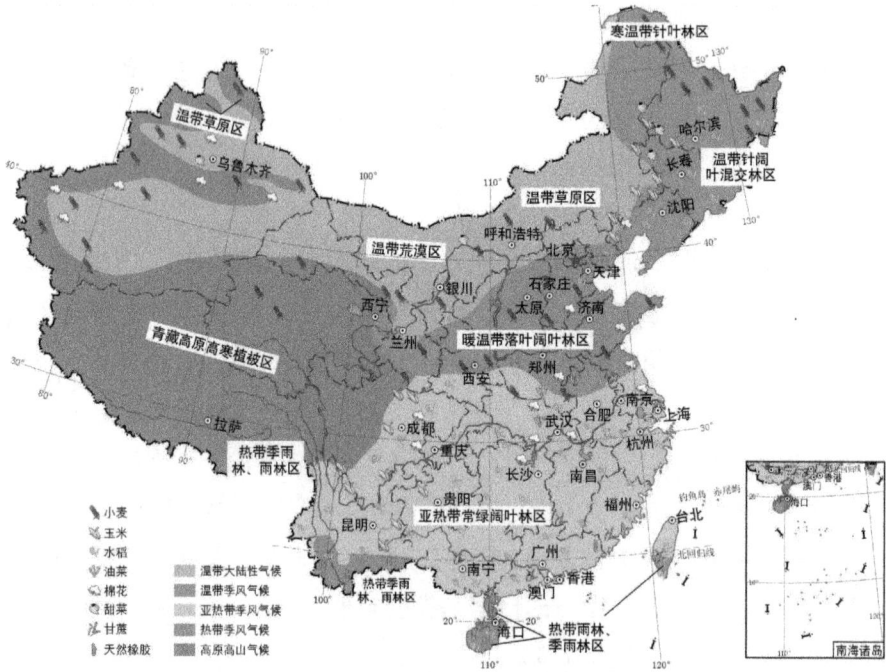

图4-2　中国气候类型和植被类型分布示意(北斗学习网,2011)

表4-4　中国主要气候类型、植被类型和土壤类型

气候类型	主要范围	主要森林类型	主要农作物类型	主要土壤类型
热带季风气候	主要包括云南西双版纳、广东雷州半岛、海南、台湾南部等地区	热带雨林、季雨林	橡胶、水稻、甘蔗	砖红壤

气候类型	主要范围	主要森林类型	主要农作物类型	主要土壤类型
亚热带季风气候	秦岭—淮河以南的亚热带地区,主要包括广西、广东、贵州、湖南、江西、浙江、湖北、四川南部、云南北部、台湾北部、江苏南部、安徽南部、陕西南部、河南南部等地区	常绿阔叶林、针叶林	水稻、甘蔗、玉米、棉花	红壤、黄壤、水稻土、紫色土
温带季风气候	秦岭—淮河以北的华北、东北地区,主要包括山东、山西、河北、辽宁、吉林、黑龙江等地区	落叶阔叶林、针阔叶混交林、针叶林	小麦、棉花、玉米、水稻	潮土、黑土
温带大陆性气候	西北地区,主要包括内蒙古、宁夏、甘肃北部、新疆大部等地区	针叶林、草原植被、灌丛	小麦、棉花	栗钙土、荒漠土、黄绵土、干旱土
高原高山气候	青藏高原地区,主要包括青海、西藏、四川北部、云南北部等地区	高寒植被	小麦	高山土壤

注:根据图4-2和中国科学院南京土壤研究所的中国土壤数据库归纳整理。

4.2.2.4 林地的碳密度估算参数

森林生态系统是陆地生态系统中的重要组成部分,众多学者对此展开了研究,形成了一系列研究成果。运用碳密度估算林地开发耕地项目的碳效应情况,首先需要建立项目开发前项目区林地的碳密度参数。根据前述地域分异规律,不同地区的林地具有不同的碳密度,需要构建中国范围内各气候类型下相应的林地碳密度参数体系。根据元分析框架,首先确定"中国林地的碳密度"为研究问题,并以此进行文献搜索。通过多途径文献收集,获取了105篇相关文献,并对每篇文献进行单独评价,最终选定33篇文献作为元分析的原始文献。录入整理各项独立研究中涉及的林地种类、碳密度、标准差等数据,并以此为基础进行加权合并,形成各气候类型下林地碳密度参数。

（1）热带季风气候

中国的热带季风气候区分布范围较小，主要集中在云南西双版纳、广东雷州半岛、海南、台湾南部等地区，其气候特点主要表现为终年高温，季风显著，旱雨季明显，盛行热带气旋。在此气候条件下，林地的主要类型有原始林、更新林等热带雨林和橡胶林等人工林，其土壤以砖红壤为主。根据元分析结果，可以建立热带季风气候区林地的碳密度参数体系（表4-5）。热带雨林原始林的碳密度最高，可以达到340.47t/hm²；橡胶林的碳密度则较低，仅有141.88t/hm²。在分碳库对比中，热带雨林和橡胶林差异较为明显。橡胶林的乔木碳库比土壤有机碳库要小，这既是林木结构的影响，也是人类管理的结果。总体上看，热带季风气候区林地的碳密度较高。然而，现有研究主要集中在海南岛，其他热带季风气候地区林地的碳密度亟需加强研究，以便完善相关结果。

表4-5　中国热带季风气候区主要林地的碳密度

单位：t/hm²

树木种类	林地碳密度				
	乔木碳密度	林下植被（灌木、草本）碳密度	枯落层碳密度	土壤有机碳密度	合计
热带雨林原始林	232.79	—	2.98	104.70	340.47
热带雨林更新林	150.20	—	2.99	105.80	259.00
橡胶林	51.13	0.53	0.73	89.48	141.88

注：根据文献（吴仲民等，1998；郑中兵等，2010）的相关数据整理分析所得，"—"表示缺少相关数据。

（2）亚热带季风气候区

亚热带季风气候区是中国的主要气候类型，其范围涵盖秦岭—淮河以南的亚热带地区，主要包括广西、广东、贵州、湖南、江西、浙江、湖北、重庆、上海、四川东部、云南北部、台湾北部、江苏南部、安徽南部、陕西南部、河南南部等地区。亚热带季风气候的主要特点是夏季高温多雨，冬季温和少雨。在此气候条件下，林地的主要植被是常绿阔叶林等，其土壤主要类型有红壤、黄壤、水稻土、紫色土等。根据元分析结果，不同树种的林地碳密度存在差异，最高的锐齿栎林碳密度可以达到301.10t/hm²，最低的国外松林碳密度仅为96.50t/hm²，两者相差3倍之多。但总体上看，亚热带季风气候区林地的碳密度要小于热带季风气候区,主要差异在乔木分碳库部分。各项独立研究结果显示,亚热带季风气候区林地的碳库主要分布在土壤有机碳库中,不同树种的林地都揭示了这一规律,详见表4-6。

表4-6 中国亚热带季风气候区主要林地的碳密度

单位:t/hm²

树木种类	林地碳密度				
	乔木碳密度	林下植被(灌木、草本)碳密度	枯落层碳密度	土壤有机碳密度	合计
杉木林	55.48	3.34	1.98	118.93	179.73
毛竹林	36.04	1.54	0.74	146.10	184.42
杨树	21.47	0.36	1.26	127.30	150.39
桤木	37.58	1.07	0.99	94.30	133.94
桉树	56.62	1.36	0.73	165.10	223.81
锐齿栎	118.47	4.39	5.03	173.21	301.10
柏木林	17.27	—	1.51	125.30	144.08
马尾松	70.52	1.68	2.68	124.60	199.47
华山松	42.55	2.09	12.32	76.63	133.59
油松	56.10	2.08	0.88	124.20	183.26
温性松林	18.71	—	4.02	102.60	125.33
国外松林	29.90	3.80	7.00	55.80	96.50
阔叶林	41.53	5.11	1.83	134.60	183.08
针阔混交林	52.14	1.21	2.27	132.00	187.61
经济林	14.96	10.60	0.96	114.45	140.97
灌木林	0	15.63	1.70	95.20	112.53

注:根据文献(邓华平等,2011;林伟,2010;马明,2009;钱逸凡等,2012;苏阿兰,2011;田大伦等,2010;王兵和魏文俊,2007;魏文俊等,2008;文仕知等,2010;邢乐杰,2008;许雯,2011;赵栋和马旭,2012;周琦全,2012)的相关数据整理分析所得,"—"表示缺少相关数据。

(3)温带季风气候区

中国的温带季风气候区主要分布在秦岭—淮河以北的华北、东北地区,包括山东、山西、河北、辽宁、吉林、黑龙江等地,跨越纬度范围广。其主要气候特征为夏季高温多雨,冬季寒冷干燥,冬冷夏热,雨热同期。在此气候条件下,林地的主要植被是落叶阔叶林、针阔叶混交林、针叶林等,主要土壤类型为潮土、黑土等。正是由于中国的温带季风气候区跨越纬度较广,其自然植被呈现出明显的纬度地带性分异规律。从低纬度向高纬度,自然植被分别由暖温带落叶阔叶林更替到温带针阔叶混交林、寒温带针叶林,其碳密度差异明显。根据元分析结果,现有独立研究关注的主要树种中,硬阔叶林碳密度高达349.23t/hm²,侧柏林的碳密度则仅为99.31t/hm²,两者相差3倍之多(详见表4-7)。与亚热带季风气候区基本一致,大部分树种的林地碳库中,主要分碳库还是土壤有机碳库,林下植被碳库和枯落物碳库所占比重不高。

表4-7 中国温带季风气候区主要林地的碳密度

单位:t/hm²

树木种类	林地碳密度				
	乔木碳密度	林下植被(灌木、草本)碳密度	枯落层碳密度	土壤有机碳密度	合计
油松	46.82	3.20	33.63	69.45	153.10
兴安落叶松林	68.21	1.13	5.97	115.58	190.90
红松林	99.30	0.04	7.60	162.10	269.04
侧柏	32.20	1.68	5.20	60.24	99.31
刺槐	51.67	1.64	28.10	50.73	132.14
蒙古栎	78.78	1.08	6.06	91.50	177.42
核桃楸	55.37	39.28	1.81	142.81	239.27
山杨	34.41	11.32	1.93	60.04	107.70
桦树	68.08	0.95	3.95	80.76	153.74
栓皮栎	38.23	2.90	35.22	62.68	139.03
板栗	70.07	0.25	—	110.60	180.92
杂木林	76.73	2.01	5.56	132.32	216.62
硬阔叶林	121.40	1.23	6.50	220.10	349.23
华北落叶松	71.22	9.53	15.43	—	96.18
樟子松	74.98	0.93	6.51	—	82.42
灌木林	0	2.87	4.91	51.60	59.38

注:根据文献(曹吉鑫,2011;贾炜玮等,2012;王海稳,2007;张萍,2009;张全智,2010;张田田等,2012)的相关数据整理分析所得,"—"表示缺少相关数据。

(4)温带大陆性气候区

温带大陆性气候区是中国跨越经度范围最大的气候区,其影响范围主要在西北地区,包括内蒙古、宁夏、甘肃北部、新疆大部等地。由于远离海洋,终年受大陆气团控制,温带大陆性气候区呈现冬季寒冷,夏季高温,降水稀少的气候特征。整个温带大陆性气候区范围广阔,其上自然景观由温带草原过渡为温带荒漠,地上自然植被也复杂多变。根据元分析结果,温带大陆性气候区的林地碳密度变化幅度较大,与其广阔的分布范围相关(详见表4-8)。阔叶混交林、红松林等林地碳密度远高于蒙古栎林、白杨林等林地碳密度,更高于绣线菊灌丛、榛子灌丛等林地碳密度。受光照、温度、水分等因素影响,此气候区内的植被生长远差于热带季风气候区,土壤有机碳分解速率却远低于热带季风气候区,最终形成整个林地碳库中乔木碳库已经远低于土壤有机碳库的现象。

表4-8 中国温带大陆性气候区主要林地的碳密度

单位:t/hm²

树木种类	林地碳密度				
	乔木碳密度	林下植被(灌木、草本)碳密度	枯落层碳密度	土壤有机碳密度	合计
红松	49.51	1.01	4.40	179.31	234.23
落叶松	43.35	0.94	4.37	134.89	183.55
柴松	58.46	36.70	33.29	107.55	236.00
油松	48.13	0.85	3.15	106.84	158.96
柞树	75.18	0.62	1.55	149.97	227.32
白桦林	34.25	2.55	2.89	147.82	187.51
蒙古栎林	12.62	1.31	2.48	131.25	147.65
阔叶混交林	64.36	1.30	6.50	350.40	422.55
白杨	54.67	4.16	1.47	138.15	198.45
次生杨桦林	35.47	—	6.63	144.41	186.51
云杉林	56.10		9.58	—	65.68
银灰杨	67.49	1.06	0.56	—	69.11
欧洲黑杨	74.67	5.94	0.22	—	80.83
俄罗斯杨和新疆杨	21.85	0.78	1.88	—	24.51
白柳	64.06	2.50	0.27	—	66.82
绣线菊灌丛	0	3.17	0.06	53.84	57.07
榛子灌丛	0	7.71	1.30	109.83	118.84
灌木林	0	11.71	2.47	188.48	202.67

注:根据文献(毕君和王超,2011;郭倩倩等,2011;田杰等,2012;王超,2011;魏文俊等,2011;魏艳敏,2010;吴晓成,2009;杨晓梅,2010;张兴锐等,2010)的相关数据整理分析所得,"—"表示缺少相关数据。

(5)高原高山气候区

高原高山气候区是由垂直带性分异规律形成的特殊气候区,在中国主要分布在青藏高原地区,包括青海、西藏、四川西部、云南北部等地。该气候区的气温随高度的增加而下降,垂直变化显著,冬暖夏凉,日照充足。在此气候条件下,自然植被主要有杉木、马尾松、云南松、高寒植被等,土壤类型主要为高山土壤。根据元分析结果,高原高山气候区林地的碳密度普遍较高,与亚热带季风气候区数值相近,最高的云冷杉碳密度达到了 377.06t/hm² (详见表4-9)。分析其可能原因有以下几个方面:①由于高原高山气候特殊性,西藏、青海等地林地偏少,相关研究缺乏,原始文献主要集中于四川北部、云南北部等地区,接近于亚热带季风气候区,自然植被具有相似性,研究结果具有类似性;②受温度因素制约,高原高山气候区的土壤有机质分解速度较低,其土壤有机碳库较大。

表4-9　中国高原高山气候区主要林地的碳密度

单位:t/hm²

树木种类	林地碳密度				
	乔木碳密度	林下植被(灌木、草本)碳密度	枯落层碳密度	土壤有机碳密度	合计
云冷杉	92.94	7.37	2.98	273.79	377.06
杉木	22.12	0.37	0.71	126.82	150.02
柳杉	26.75	0.36	0.56	220.46	248.13
马尾松	24.89	0.71	2.00	102.69	130.29
云南松	32.95	14.98	1.20	123.26	172.39
华山松等其他松类	35.82	1.18	1.83	206.79	245.62
柏属	21.16	0.64	0.87	107.55	130.22
桉属	12.15	0.49	0.64	137.17	150.45
杨属	15.74	0.66	0.51	153.99	170.90
楠、樟	16.83	1.16	1.79	186.80	206.58
栎类、硬阔	57.59	1.75	1.24	156.40	216.98
软阔	12.69	1.23	2.20	240.00	256.12
高山松	66.01	43.09	0.57	—	109.67

注:根据文献(程鹏飞等,2011;黄从德,2008;马明东等,2007)的相关数据整理分析所得,"—"表示缺少相关数据。

4.2.2.5 农田的碳密度估算参数

林地开发耕地后,原有森林生态系统转变为人工管理的农田生态系统,其碳库构成也相应发生变化。林地的乔木、灌木、草本等植被碳库转变为农作物植被碳库,枯落物碳库则由于频繁的翻耕、收获等人工管理措施而缺失。不同于森林生态系统,农田生态系统碳库一般由农作物植被碳库和土壤有机碳库组成。根据元分析框架,首先确定"中国农田碳密度"为研究问题,分别进行"农作物植被碳密度"和"农田土壤有机碳密度"的文献收集。然而,目前直接研究中国农作物植被碳密度的相关文献数量过少(6篇),不能提供全国范围内的各农作物植被碳密度参数,无法满足元分析的原始文献数量要求。为此,将农作物植被碳密度排除在元分析框架外,仅对农田土壤有机碳密度使用元分析框架,农作物植被碳密度采用模型估算方法加以确定。

(1)农作物植被碳密度

中国各地气候条件的差异,造成农作物种类各不相同,南方主要以水稻、甘蔗等为主要农作物,北方则以小麦、玉米为主要农作物,棉花等经济作物则主要分布在黄淮海平原、新疆等地。不同种类的农作物,光合作用能力、水分系数、含碳系数等均会不同,从而造成各农作物植被碳密度不一致。

目前估算农作物植被碳库的常用方法主要有三种:①由农作物经济产量估算生物产量,再利用农作物的光合作用方程式,计算出二氧化碳固定总量并转换为碳生产量,或直接利用生物产量乘以碳转换系数来估算(刘晓辉和吕宪国,2008);②用农作物经济产量、实测或已有研究农作物含碳率、根冠比、含水率的乘积计算(谷家川和查良松,2012;张剑等,2009);③用实验测得地下生物量与估算地上生物量之和,乘以含碳率(罗怀良等,2008)。由于不同种类农作物的光合速率不同,光合能力不同,碳转换系数也不统一,第一种方法计算出的农作物植被碳库误差较大(徐素娟等,2011)。中国地域辽阔,实验测算各地不同种类农作物的地下生物量和估算地上生物量将是一项长期的耗时耗力工程,第三种方法估算中国农作物植被碳库并不是最佳选择。有鉴于此,本书选用第二种方法进行农作物植被碳库估算,以农作物种类来区分其植被碳库差异。

农作物的植被碳库受农作物经济产量(收获产量)、含水率、含碳率、根冠比、经济系数等影响,估算农作物植被碳密度时还需考虑农作物播种面积。根据已有研究结果(谷家川和查良松,2012;徐素娟等,2011;张剑等,2009),农作物植被碳密度估算模型可以构建如下:

$$W = \sum_{i=1}^{n} W_i = \sum_{i=1}^{n} \frac{K_i \times C_i \times (1 - V_i) \times (1 + R_i)}{H_i} \quad \text{(公式1)}$$

$$D = \frac{W}{S} \quad \text{(公式2)}$$

其中,W为农田生态系统中农作物植被碳库储量(t),W_i为第i类农作物植被碳库储量(t),K_i第i类农作物经济产量(t),C_i为第i类农作物单位生物量中的含碳量,即含碳率(%),V_i为第i类农作物果实的含水率(%),R_i为第i类农作物的根冠比系数,H_i为第i类农作物的经济系数,n为农作物种类数量,D为农作物植被的碳密度,S为农作物播种面积。

不同农作物的含碳率、含水率、根冠比和经济系数都不同,借鉴其他学者的研究成果,确定中国主要农作物植被碳库的关键参数。为了避免单个研究产生的随机误差,采用对多个独立研究成果进行加权平均的方法来确定相关参数(表4-10)。

表4-10 中国主要农作物植被碳库的相关参数

参数 / 种类	经济系数	根冠比	含碳率	含水率
水稻	0.4983	0.6000	0.4160	0.1186
小麦	0.3490	0.4511	0.4744	0.0934
玉米	0.4649	0.4090	0.4666	0.1165
豆类	0.3979	0.6423	0.4437	0.1500
薯类	0.6784	0.1750	0.4383	0.7710
花生	0.4300	0.7200	0.4500	0.1500
油菜	0.2469	0.0400	0.4474	0.0900
棉花	0.3466	0.1674	0.4500	0.1150
麻类	0.3560	0.2915	0.4500	0.1500
甘蔗	0.7200	0.4000	0.4500	0.7000
烟草	0.5125	0.2338	0.4500	0.1500
芝麻	0.3400	0.2538	0.4500	0.1500

注:根据文献(Johnson, et al.,2006;谷家川和查良松,2012;罗怀良,2009;苏广达,1979;谢光辉等,2011a;谢光辉等,2011b;徐素娟等,2011)相关数据整理所得。

农作物植被碳密度还与农作物的经济产量(收获产量)和农作物播种面积相关。由于同一农作物的含碳率、含水率、根冠比和经济系数等参数是相同的,通过公式1、2的联合,可以发现农作物的植被碳密度主要与农作物的年单位产量($t/hm^2 \cdot$年)相关。

为了避免单个年份农作物经济产量和播种面积波动而影响农作物单位产量,本书选用2009—2011年的中国各省份相关数据平均值来代替计算(原始数据来源于2010—2012年《中国统计年鉴》)。根据中国各省份主要农作物的年平均单位产量以及前述经济系数、根冠比、含碳率、含水率等相关参数,运用上述估算模型,可以计算出当前中国各省份主要农作物的植被碳密度(表4-11)。

表4-11　中国各省份主要农作物植被碳密度

单位:t/hm^2

农作物 省份	水稻	小麦	玉米	豆类	薯类	花生	油菜	棉花	麻类	甘蔗	烟叶	芝麻
北京	7.52	8.71	7.50	2.67	0.99	4.60	0.00	1.09	0.00	0.00	0.00	91.75
天津	8.49	8.67	6.84	2.07	0.82	5.46	0.00	1.65	0.00	0.00	0.00	134.47
河北	8.16	9.27	6.41	2.75	0.62	5.37	2.33	1.34	3.02	0.00	2.08	129.48
山西	5.38	5.65	6.10	1.10	0.24	3.57	1.77	1.57	0.00	0.00	2.93	93.70
内蒙古	9.08	5.47	7.28	2.31	0.45	2.61	1.79	1.86	0.00	0.00	3.13	43.89
辽宁	8.68	9.19	6.99	3.52	1.09	4.10	3.44	1.99	0.00	0.00	2.43	159.94
吉林	9.85	6.04	8.40	2.94	1.01	4.22	0.00	2.06	0.46	0.00	2.79	136.21
黑龙江	7.87	6.41	6.64	2.47	0.81	3.37	3.74	0.00	5.75	0.00	2.22	113.70
上海	9.81	7.01	7.92	3.53	1.10	4.17	3.72	2.40	0.00	17.39	0.00	80.52
江苏	9.60	8.64	6.78	3.95	1.12	5.61	4.22	1.41	3.26	15.48	1.34	157.85
浙江	8.39	6.74	5.61	3.82	0.76	4.32	3.29	1.92	1.63	16.32	2.22	153.82
安徽	7.31	9.06	5.29	1.86	0.48	6.66	3.45	1.33	3.54	10.22	2.54	121.00
福建	7.06	5.16	4.81	3.77	0.82	3.88	2.29	0.34	0.00	16.42	1.89	115.34
江西	6.78	3.55	5.52	2.81	0.75	4.11	2.02	2.25	2.15	11.74	2.09	89.64
山东	9.80	10.38	8.22	3.90	1.35	6.49	4.66	1.40	1.50	0.00	2.44	160.42
河南	8.76	10.44	7.00	2.83	0.78	6.53	3.84	1.29	6.67	17.14	2.16	126.68
湖北	9.17	6.06	6.14	3.45	0.60	5.30	3.41	1.39	2.79	10.07	1.88	148.43

农作物＼省份	水稻	小麦	玉米	豆类	薯类	花生	油菜	棉花	麻类	甘蔗	烟叶	芝麻
湖南	7.43	4.35	7.15	3.65	0.80	3.81	2.63	1.73	3.37	13.19	2.12	135.52
广东	6.47	5.18	5.62	3.60	0.86	4.06	1.98	0.00	1.11	22.16	2.09	109.97
广西	6.26	2.55	5.17	2.45	0.46	3.91	1.75	1.26	3.21	17.85	1.63	110.53
海南	5.27	0.00	5.39	4.07	0.65	3.71	0.00	0.00	8.81	16.84	0.00	93.78
重庆	8.74	5.48	6.78	3.03	0.71	2.84	3.06	0.00	2.00	9.62	1.79	88.95
四川	8.89	6.05	6.21	3.48	0.67	3.64	3.73	1.21	2.47	12.44	2.01	122.50
贵州	6.81	2.74	5.75	1.42	0.40	2.72	2.32	0.86	1.64	9.95	1.71	59.09
云南	7.22	3.26	5.24	3.03	0.48	2.21	2.57	0.00	4.68	15.81	2.04	76.71
西藏	6.76	11.84	8.13	5.63	1.06	0.00	4.26	0.00	0.00	0.00	0.00	0.00
陕西	7.94	6.24	5.70	3.13	0.42	4.54	3.18	1.83	1.14	8.04	1.95	141.99
甘肃	0.00	5.03	6.04	2.67	0.53	3.87	3.07	2.18	2.07	0.00	2.79	0.00
青海	0.00	6.68	10.13	3.68	0.74	0.00	3.47	0.00	0.00	0.00	7.25	0.00
宁夏	9.85	5.85	9.23	1.38	0.33	0.00	1.22	0.00	0.00	0.00	4.62	52.23
新疆	9.44	9.75	8.45	4.76	1.13	6.17	3.75	2.35	9.15	0.00	0.00	107.25
全国平均值	8.03	6.71	6.72	3.09	0.74	4.35	3.00	1.60	3.20	14.16	2.49	112.69

注：台湾省、香港特别行政区、澳门特别行政区因数据缺失未列入。

从表4-11可以看出，中国主要农作物植被碳密度差异明显。芝麻远高于其他农作物，其植被碳密度平均值高达112.69t/hm²，而最低的薯类植被碳密度平均值仅为0.74t/hm²。但是种植范围最广的水稻、小麦、玉米三种农作物植被碳密度平均值相差不大，仅水稻略高于其他两种农作物，为8.03t/hm²。从同一种农作物看，各省份的农作物植被碳密度也存在差异，进一步反映了气候、土壤等自然条件造成的影响。

(2)农田土壤有机碳密度

土壤有机碳库是农田生态系统碳库中的主要分碳库，关乎农田生产力，得到了众多学者关注。不同的土壤类型、不同的农作物种类、不同的农田管理措施，其农田土壤有机碳库都有不同。由于多个影响因素之间的复杂关系，使多个独立研究成果中的土壤有机碳库呈现繁杂的现象，有些结果相差较大。根据元分析框架，确定"农田土壤有机碳密度"为研究问题，并进行相关文献收集。在文献搜集过程中发现,众多学者主要关注0～20cm和0～100cm两种土层厚度的农田土壤有机碳。由于前述林地的土壤有机碳密度并非0～20cm表层土壤有机碳密度,为了便于前后对比,将研究对象为0～20cm的农田土壤有机碳密度相关文献剔除,以0～100cm土层厚度的农田土壤有机碳密度为研究对象(有些地区农田土壤的土层厚度小于100cm,此时以实际土层厚度代替)。通过对每个文献进行单独评价,最终选择24篇相关文献作为元分析的原始文献。根据中国气候类型分布和研究区域,将原始文献也归类到5大气候区中。整理各项研究成果的计量单位、土层厚度、土壤有机碳密度等相关数据后,通过加权平均获得各气候区农田土壤有机碳密度(表4-12)。

表4-12　中国农田土壤有机碳密度分布表

气候类型	研究区域	土层厚度 (cm)	土壤有机碳密度 (t/hm²)	原始数据来源
热带季风 气候	中国东南部地区	0—100	106.00	(李忠等,2001)
	中国东南部地区	0—100	80.10	
	加权平均值	—	93.05	
亚热带季 风气候	四川盐亭县	0—100	86.82	(李典友,2011;李正才等,2006;林凡等,2008;罗怀良等,2010;罗怀良等,2008;孟莹,2012;张慧,2011;赵莉敏,2008)
	四川盐亭县	0—100	39.61	
	重庆南川市	0—100	109.68	
	重庆南川市	0—100	146.24	
	安徽皖江地区	0—100	84.80	
	太湖地区	0—100	127.10	
	浙江湖州市	0—100	167.60	
	浙江杭州市	0—100	155.20	
	江苏镇江市	0—100	65.60	
	湖北秭归县兰陵溪	0—100	115.50	
	湖北秭归县杉木溪	0—100	101.40	
	浙江富阳市	0—60	82.96	
	广东惠州市	0—60	54.23	
	广东惠州市	0—60	43.46	
	加权平均值	—	98.59	

气候类型	研究区域	土层厚度 （cm）	土壤有机碳密度 （t/hm²）	原始数据来源
温带季风 气候	甘肃省庄浪县	0—100	90.10	（葛玺祖等，2012；刘慧屿，2011；汤洁等，2011；王春梅等，2007；徐敏云等，2011；尤孟阳等，2010；张晓伟等，2012）
	吉林白城市、松原市	0—100	169.25	
	吉林白城市、松原市	0—100	80.00	
	吉林敦化市	0—100	84.03	
	辽宁东部山地丘陵区	0—100	27.40	
	辽宁中南部平原区	0—100	26.50	
	辽宁西部低山丘陵区	0—100	26.40	
	陕西长武县	0—120	143.60	
	黑龙江海伦市	0—100	184.20	
	黑龙江海伦市	0—100	192.00	
	黑龙江海伦市	0—100	203.30	
	河北省沽源县	0—50	82.10	
	加权平均值	—	101.57	
温带大陆 性气候	黄土高原	0—100	25.30	（丁越岿，2011；何亚龙，2011；吴建国等，2004；杨尚斌等，2010）
	延河流域	0—60	20.30	
	内蒙古毛乌素沙漠	0—80	5.10	
	宁夏固原县	0—110	93.50	
	加权平均值	—	36.05	
高原山地 气候	青海祁连山中段	0—60	106.30	（常宗强等，2008；李月梅等，2006；李月梅，2010；朱孟郡等，2008）
	青藏高原	0—40	113.89	
	青海沙沟河流域	0—20	47.56	
	青海乐都县	0—20	113.71	
	加权平均值	—	95.36	

中国热带季风气候区分布范围较小,相关研究成果不多,仅有个别学者对此展开了研究,亟需加强相关研究;亚热带季风气候区、温带季风气候区是中国农田主要分布区域,其自然气候条件优越,农田土壤质量和土壤有机碳密度相对较高,体现了此区域在中国农田固碳方面的重要作用;温带大陆性气候区、高原山地气候区的农田较少,相关研究也不多,需要进一步展开特殊自然气候条件下农田土壤有机碳研究。

总体上看,除了温带大陆性气候区外(其农田土壤有机碳密度仅为36.05t/hm²),中国其他区域农田土壤有机碳密度相差不大,最高的温带季风气候区农田土壤有机碳密度为101.57t/hm²,最低的热带季风气候区农田土壤有机碳密度为93.05t/hm²。由于光照、水分、温度等因素制约,温带大陆性气候区大部分区域(宁夏河套地区除外)的农田土壤质量较差,土壤有机碳密度普遍不高。

(3)农田碳密度估算体系

根据前述中国农田的植被碳密度(表4-11)和土壤有机碳密度(表4-12),将各省份和各气候区相对应,加权求和后可以得到中国各气候区农田的碳密度情况(表4-13)。中国各气候区的主要农作物类型和土壤类型等均有所差异,其农作物植被碳库各不相同,土壤有机碳库也有差异。由于林地开发耕地项目的农田碳库主要由农作物植被碳库和土壤有机碳库组成,不同的农作物其农田总碳库也将显著不同。其中,最高的组合为芝麻植被碳密度+土壤有机碳密度,最低的组合为薯类植被碳密度+土壤有机碳密度。热带季风气候区中,农田总碳密度最高值达到186.83t/hm²,最低值为93.70t/hm²;亚热带季风气候区内,最高的农田总碳密度为210.72t/hm²,最低的农田总碳密度为99.31t/hm²;温带季风气候区内,农田总碳密度最高可以达到230.40t/hm²,而最低农田总碳密度也达到102.38t/hm²;温带大陆性气候区内,农田总碳密度普遍偏低,其最高值为103.84t/hm²,最低值仅为36.66t/hm²;高原山地气候区内,农田总碳密度变化不大,其最高值为104.62t/hm²,最低值也有96.26t/hm²。

表4-13　中国各气候区耕地的碳密度

单位：t/hm²

气候类型		热带季风气候	亚热带季风气候	温带季风气候	温带大陆性气候	高原高山气候
不同农作物的植被碳密度	水稻	5.27	7.85	8.25	9.46	6.76
	小麦	0.00	5.42	8.10	6.53	9.26
	玉米	5.39	6.00	6.98	7.75	9.13
	豆类	4.07	3.13	2.74	2.78	4.66
	薯类	0.65	0.72	0.81	0.61	0.90
	花生	3.71	4.09	4.83	4.22	0.00
	油菜	0.00	2.89	3.28	2.46	3.87
	棉花	0.00	1.46	1.58	2.13	0.00
	麻类	8.81	2.65	3.09	5.61	0.00
	甘蔗	16.84	14.19	12.59	0.00	0.00
	烟叶	0.00	1.95	2.38	3.51	7.25
	芝麻	93.78	112.13	128.83	67.79	0.00
土壤有机碳密度		93.05	98.59	101.57	36.05	95.36
总碳密度最高值		186.83	210.72	230.40	103.84	104.62
总碳密度最低值		93.70	99.31	102.38	36.66	96.26

　　当然，从种植结构看，芝麻、薯类等种植面积仍有限，全国种植面积最大的为玉米、水稻、小麦三种农作物（2011年全国三者的播种面积分别为3354.17万 hm²、3005.70万 hm²、2427.04万 hm²）。从表4-14可以看出，玉米、水稻、小麦的农田总碳密度均不高，除了温带大陆性气候区外，其他各气候区的农田总碳密度相差不大。从农作物种类看，高原高山气候区种植玉米的农田总碳密度最高，温带季风气候区种植水稻和小麦的农田总碳密度比其他气候区要高。

表4-14 中国常见农作物的农田总碳密度

单位:t/hm²

不同农作物的农田碳密度	热带季风气候	亚热带季风气候	温带季风气候	温带大陆性气候	高原高山气候
玉米植被碳密度+土壤有机碳密度	98.44	104.59	108.55	43.80	115.64
水稻植被碳密度+土壤有机碳密度	98.32	106.44	109.82	45.51	102.12
小麦植被碳密度+土壤有机碳密度	0	104.01	109.67	42.58	108.88

4.2.2.6 林地开发耕地的碳密度估算体系

林地开发耕地后,项目区的地表植被由森林转换为农作物,土壤也受到了施工措施和后续农田管理措施的影响。在此过程中,森林生态系统转变为农田生态系统,林地碳库转变为农田碳库,整个项目区碳库储量发生变化。根据前述研究结果,可以对比分析林地开发耕地前后的碳密度变化来估算碳库变化(表4-15)。总体上看,林地开发耕地过程是碳密度减少过程,也即林地开发耕地会造成项目区碳库储量的减少,林地开发耕地过程是一个碳库损失的过程。由于林木种类、农作物种类的多样性,林地转变为耕地的过程是一个复杂的过程,将是一个多种组合变化的过程。为了总体上反映变化趋势,选取林地平均碳密度和农田平均碳密度来对比分析。从平均碳密度可以看出,各气候区的林地碳密度均高于农田碳密度,其中差距明显的主要是热带季风气候区和温带大陆性气候区,反映了这两个区域的林地开发耕地过程是明显的碳库损失过程。

表4-15 林地开发耕地前后碳密度对比表

单位：t/hm²

土地利用类型	气候类型	热带季风气候	亚热带季风气候	温带季风气候	温带大陆性气候	高原高山气候
林地总碳密度	最高值	340.47	301.10	349.23	422.55	377.06
	最低值	141.88	96.50	59.38	57.07	130.22
	平均值	247.12	172.17	175.91	197.90	204.56
农田总碳密度	最高值	186.83	210.72	230.40	103.84	104.62
	最低值	93.70	99.31	102.38	36.66	96.26
	平均值	110.37	112.13	116.86	46.31	101.34
两者平均值之差		136.76	60.04	59.05	151.59	103.22

具体到林地开发耕地项目的碳库估算时，就需建立完善的估算体系。其基本步骤可以如下：

(1)基础资料收集。运用碳密度来估算项目开发造成的碳库变化，首先就需要收集项目区的相关资料，包括项目区所处的气候区、林木类型、主要农作物类型、土壤类型、项目区面积等基础资料。

(2)确定基本参数。根据项目区基础资料，从上述气候类型、林木类型、农作物类型中选择合适参数，确定项目区的林地和耕地碳密度参数。当然，根据元分析的核心思想，有最新研究成果时也可以更新上述碳密度体系，以提高整个估算体系质量。

(3)估算碳库变化。根据项目区面积和林地、耕地碳密度，可以估算出项目开发前后的林地碳库和农田碳库。

(4)评价分析结果。分析林地开发耕地项目过程，评价最终估算结果，如有必要，可选取适量样本进行实验室测算来加以验证。

通过元分析方法构建的碳密度估算体系可以快速估算出全国范围内林地开发耕地项目的碳库变化，但其估算精度要稍逊于实验室估算体系，适用于规模较小、开发前后碳库总量变化不大的项目。当前土地整治领域尚缺乏碳循环的相关理念，土地整治过程中造成的碳库变化还没有得到重视，相关研究尚不充足,部分地区缺少足够样本数据支撑。为此,未来还需进一步开展相关研究,以更新元分析的原始文献结果,完善碳密度估算体系。在条件成熟时,可以结合国家行政区划,构建出各行政区(省、自治区或市)的碳密度估算体系,推动土地整治理念的更新发展。

4.3 案例实证:以长兴县林地开发耕地项目为例

4.3.1 研究区概况和代表性

4.3.1.1 自然资源背景

(1)地理位置

长兴县地处浙江省北部,长江三角洲杭嘉湖平原,属于浙北低山丘陵向太湖西岸平原过渡的地区,与苏、皖两省接壤,东经119°33′至120°06′,北纬30°43′至31°11′。东临太湖,西倚天目,南望杭州,北接苏州,三面环山,一面临湖(太湖)。

(2)气候条件

长兴县属亚热带季风气候区,温暖湿润,雨量充沛,四季分明。全县年平均气温15.6℃,历史极端最低气温-13.9℃,极端最高气温39.3℃,无霜期长达239天。年平均降水量为1309毫米,降雨多集中在3~9月,占全年雨量的75%以上。近年冬季除部分山区地带外,基本无降

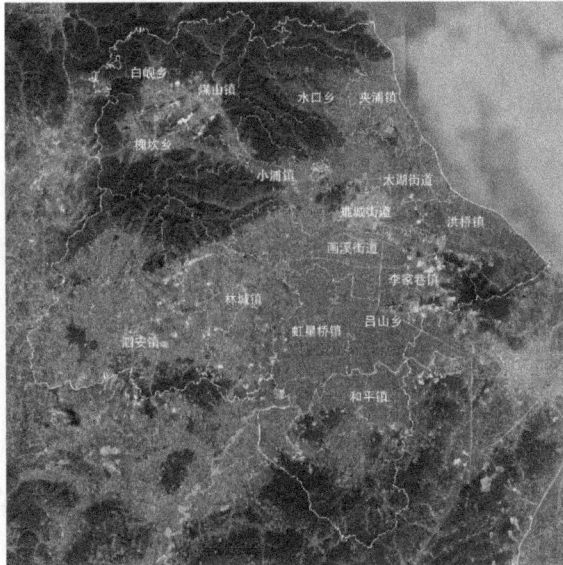

图4-3 长兴县遥感影像

雪。年均日照时数1810.3小时,历年平均日照百分率为41%,光照分配较均匀,年耕作2～3熟。影响本地的灾害性天气主要是台风、暴雨、洪涝、冰雹、干旱以及寒潮、倒春寒等。

(3)土壤与植被

全县土壤共有4个土类,其中红壤土类占全县面积的50.84%,主要分布在低山和丘陵地区;岩性土类占1.75%,主要分布在李家巷、煤山、槐坎和吴山等乡镇;潮土土类占12.89%,分布广泛,多开垦为旱地和桑园、茶园、梅园;平原以水稻土为主,占全县面积的34.52%,其中东部水网平原土壤类型以青紫泥为多,质地粘重,保蓄性能好,有机质含量高,肥力水平较高。全县森林覆盖率达到46%,拥有山林96.41万亩,其中竹林面积26.79万亩,木本植物主要有竹、松、杉、茶、桑、果树等。

(4)地形地貌

长兴县地势西北和西南高,中部和东部低,西北部、南部、东南部被三片低山丘陵围绕。在西北(煤山镇)和西南部(泗安镇)山区之间,各有一山间盆地;境内中部和东北部分布两片平原,中部为长泗平原,东北部为城东平原。自西向东可以划分为低山丘陵、低丘岗地、土斗区平原和水网平原四大区域。全县有平原、丘陵(包括山间盆地)、低山等多种地形,据估算全县平原(海拔100米以下)约占总面积的73%(包括高平原29%),丘陵约占27%,低山(海拔500米以下)约占0.2%。

(5)河流

全县河流水系属长江中下游太湖流域,境内有四条河流,自北向南分别为:乌溪、箬溪(又称合溪)、泗安塘和西苕溪,均发源于西北部山区,东入太湖。其中,箬溪、泗安塘和西苕溪自西向东横穿县境,进入平原后,被南北向夹河所串通。

4.3.1.2　社会经济背景

长兴县县域总面积1431.36平方公里,下辖3街道9镇和4乡。2011年,全县实现地区生产总值334.9亿元,财政总收入54.5亿元,其中地方财政收入30.8亿元;完成全社会固定资产投资205.7亿元,其中工业性投入109.9亿元;实现规模工业产值647.3亿元,完成社会消费品零售总额127.4亿元。城镇居民人均可支配收入、农村居民人均纯收入分别达到29725元和15640元，年均增长11.4%和13.4%。

从区位条件上看，长兴县交通便捷，与周边重要城市沪、杭、宁构筑了2小时交通经济圈。全县境内航道纵横，拥有258.5公里的内河航运里程，宣杭铁路、新长铁路则进一步加大了长兴县的交通运输优势。

4.3.1.3 土地利用背景

鉴于长兴县自然资源条件，长兴县土地利用呈现两个明显特点：①全县耕地资源有限，2005年实有耕地48370.94hm²，仅占土地总面积的33.79%，主要分布在东部水网平原地区，西部地区有零星分布；②受亚热带季风气候和太湖水体气候调节影响，全县植被繁茂，森林资源丰富，森林覆盖率达到46%，2005年实有林地49039.44hm²，占土地总面积的34.26%。

随着园区建设、城市建设、工矿建设等非农建设的不断推进，长兴县的耕地保护压力日益增加，保障区域粮食安全成为限制经济发展的制约因素。但是，根据长兴县低丘缓坡资源专项调查显示，长兴县符合坡度低于25度的荒地、疏林地、园地合计615块，总面积达到2291.22hm²。其中，根据对低丘缓坡中土层厚、有水源地块的资源调查，可开垦为耕地的低丘缓坡有485个地块，面积约有1820.00hm²。长兴县的自然资源背景、社会经济背景和土地利用背景决定着该区域具有林地开发耕地项目的现实需求和立项背景。

4.3.1.4 研究区的代表性

从前述的自然资源背景、社会经济背景和土地利用背景可以看出，选择长兴县为研究区具有代表性，是研究案例地的典型区域。具体来说：

（1）长兴县具有丰富的林地资源。从图4-3可以看出，长兴县丘陵资源丰富，集中分布于县域西北部、西南部，占全县土地面积的27%。相对应地，土地利用结构中，林地占到全部土地总面积的34.26%，森林覆盖率为46%。林地资源丰富一方面反映耕地资源不足，另一方面也反映林地开发耕地项目具有丰富的后备资源。

（2）长兴县具有丰富的低丘缓坡资源。据专项资源调查显示，长兴县符合坡度低于25度的荒地、疏林地、园地共有2291.22hm²，其中宜耕资源面积约有1820.00hm²。长兴县是浙江省低丘缓坡资源开发的试点地区，现已完成低丘缓坡开发建设规划，具有林地开发耕地项目的可操作性。

（3）长兴县耕地保护压力巨大。长兴县位于东部沿海地区，区位优势明显，经济发展速度快，经济建设占用耕地较多。为了实现耕地占补平衡，可预计的未来长兴县将面临着巨大的耕地补充压力。

长兴县耕地补充压力大，林地资源丰富，特别是低丘缓坡资源丰富，林地开发耕地项目在长兴县具有立项背景。同时，长兴县处于亚热带季风气候区，在全国具有代表性。基于上述原因，选择长兴县林地开发耕地项目为研究案例，实证分析林地开发耕地程对项目区碳库的影响。

4.3.2　长兴县林地开发耕地项目背景

根据项目区位置、项目总规模、项目土地利用类型、低丘缓坡资源开发情况等因素，结合实地调研，从长兴县耕地补充项目库中选择"长兴县2012年省委托土地开发项目"作为案例实证项目。该项目建设性质为省级财政投资项目，投资总额为2175.59万元，位于长兴县的泗安镇、和平镇、煤山镇、白岘乡及林城镇等五个乡（镇），共涉及毛家店村等8个村，项目总规模为71.5923公顷（图4-4、图4-5、图4-6）。从分布位置看，项目区主要位于泗安镇，共有41.4015hm² 土地，占项目总规模的57.83%。从土地利用现状看，项目区当前主要土地利用类型为园地和林地，分别为26.5275hm²和43.1283hm²（表4-16）。现有管理体系中，林业管理部门和土地管理部门对于园地和林地类型的定义存在差异。通过实地调研后发现，项目区园地属于林业管理部门定义的经济林范畴。为了与前人研究统一，本书将项目区园地和林地统称为林地，即项目区开发前林地总规模为69.6558hm²。

图4-4　林地开发耕地　　　图4-5　林地开发耕地　　　图4-6　林地开发耕地
　　　　项目开发前　　　　　　　　项目开发中　　　　　　　　项目开发后

表4-16 项目区土地利用现状

单位:hm²

地类\位置	农用地				建设用地		未利用地	合计
	耕地	园地	林地	其他农用地	农村居民点	公路用地	荒草地	
泗安镇长中村山门口(一)		0.3086	2.4565					2.7651
泗安镇长中村山门口(二)		1.2429	2.1061	0.0479			0.4479	3.8448
林城镇阳光村		5.0779		0.0619				5.1398
和平镇毛家店村(一)		3.2746	2.3181	0.2093	0.0001			5.8021
和平镇毛家店村(二)		5.5049	0.8121	0.0180				6.3350
白岘乡三洲山村冯家冲		8.2223		0.2635	0.0493			8.5351
煤山镇五通村			4.3788					4.3788
泗安镇师姑岗村			2.2909					2.2909
泗安镇杨湾村	0.0006	2.8963	28.7658	0.5348		0.3032		32.5007
合计	0.0006	26.5275	43.1283	1.1354	0.0494	0.3032	0.4479	71.5923

项目区总规模为71.5923hm²,其中林地69.6558hm²(含26.5275hm²园地),耕地0.0006hm²,其他农用地1.1354hm²,农村居民点0.0494hm²,公路用地0.3032hm²,荒草地0.4479hm²。经过土地平整工程、农田水利工程、田间道路工程、防护林工程和地力培肥工程后,项目区土地利用类型转变为耕地70.5193hm²,其他农用地0.7698hm²,交通用地0.3032hm²(表4-17)。项目开发后新增耕地70.5187hm²,其他地类则为部分农村道路、沟渠等其他农用地,园地、林地、农村居民点、荒草地等均全部转为耕地。在新增耕地规模中,园地和林地开发新增的耕地(69.6558hm²)占到98.78%,是新增耕地的主要来源。其他用地新增耕地规模太小,对项目区碳效应影响有限。结合研究目的,本书将项目区林地开发耕地过程作为研究内容,忽略其他用地开发为耕

地对项目区碳效应影响,即仅探讨69.6558hm²林地开发为耕地对项目区的碳效应影响。

表4-17　项目区开发前后土地利用结构对比

单位:hm²、%

地类		开发前		开发后		增减
		面积	比例	面积	比例	变化
农用地	耕地	0.0006	0.00	70.5193	98.50	70.5187
	园地	26.5275	37.05	0	0.00	−26.5275
	林地	43.1283	60.24	0	0.00	−43.1283
	其他农用地	1.1354	1.59	0.7698	1.08	−0.3656
建设用地	农村居民点	0.0494	0.07	0	0.00	−0.0494
	交通用地	0.3032	0.42	0.3032	0.42	0
未利用地	荒草地	0.4479	0.63	0	0.00	−0.4479
合计		71.5923	100.00	71.5923	100.00	0

4.3.3　长兴县林地开发耕地碳效应的估算

基于抽样调查的实验室估算碳效应方法是在陆地生态系统碳库计量方法的基础上改进提出的,相关研究较为成熟。同时,由于项目规模不大,投资预算不高,案例可以尝试采用本书新构建的碳密度估算碳效应方法来估算长兴县林地开发耕地前后的碳效应。具体估算过程如下:

4.3.3.1　基础资料收集

通过实地调研,获取了项目区自然资源背景、社会经济背景、土地利用背景以及项目实施背景等相关资料。项目区位于浙江省长兴县,属于亚热带季风气候。项目区林地的林木类型主要为两种:经济林(26.5275hm²)和灌木林(43.1283hm²),新增耕地主要农作物为小麦、油菜、大豆、玉米等旱地作物。

4.3.3.2　确定基本参数

根据项目区的基础资料,从上述碳密度估算体系中选择合适的估算参数(表4-6、表4-13)。开发前,项目区林地植被主要为经济林和灌木林;开发后,项目区新增耕地(旱地)的农作物主要为小麦、油菜、大豆和玉米,其种植制度为一年两熟,种植结构为油菜(小麦)—大豆(玉米)。由于耕地农作物种植种类的轮换,为计算方便以其平均碳密度为项目区耕地(旱地)的碳密度。具体的碳密度参数见表4-18。

表4-18 长兴县林地开发耕地项目碳密度参数

单位:t/hm²

土地利用类型	植被种类	项目区碳密度				
		乔木碳密度	林下植被或农作物植被碳密度	枯落层碳密度	土壤有机碳密度	合计
林地	经济林	14.96	10.60	0.96	114.45	140.97
	灌木林	0.00	15.63	1.70	95.20	112.53
耕地	小麦	0.00	5.42	0.00	98.59	104.01
	油菜	0.00	2.89	0.00	98.59	101.48
	大豆	0.00	3.13	0.00	98.59	101.72
	玉米	0.00	6.00	0.00	98.59	104.59
	平均	0.00	4.36	0.00	98.59	102.95

4.3.3.3 项目开发前后碳库估算

项目实施前,林地面积为69.6558hm²,其中经济林26.5275hm²、灌木林43.1283hm²。项目实施后,耕地面积为69.6558hm²,全部为旱地,其种植结构为油菜(小麦)—大豆(玉米)。根据涉及的土地利用面积和碳密度参数,可以计算出开发前后项目区碳库总储量(表4-19)。

表4-19 项目区开发前后碳库比较表

单位:t

土地利用类型	植被种类	项目区碳库总储量				
		乔木碳库	林下植被或农作物植被碳库	枯落层碳库	土壤有机碳库	合计
林地	经济林	396.85	281.19	25.47	3036.07	3739.58
	灌木林	0.00	674.10	73.32	4105.81	4853.23
	合计	396.85	955.29	98.78	7141.89	8592.81
耕地	小麦	0.00	377.53	0.00	6867.37	7244.90
	油菜	0.00	201.31	0.00	6867.37	7068.67

土地利用类型	植被种类	项目区碳库总储量				
		乔木碳库	林下植被或农作物植被碳库	枯落层碳库	土壤有机碳库	合计
	大豆	0.00	218.02	0.00	6867.37	7085.39
	玉米	0.00	417.93	0.00	6867.37	7285.30
	平均	0.00	303.70	0.00	6867.37	7171.06

4.3.4 项目开发前后的碳库比较

项目开发前，项目区林地碳库储量为8592.81t，其中经济林碳库储量为3739.58t，灌木林碳库储量为4853.23t。在林地各分碳库中，土壤有机碳库达到7141.89t，占碳库总储量的83.11%。项目开发后，项目区耕地碳库因种植结构不同而略有不同，但总体相差不大。项目区耕地平均碳库储量为7171.06t，其中土壤有机碳库6867.37t，占耕地碳库总储量的95.76%，植被碳库仅有303.70t。从农作物种类看，小麦和玉米的植被碳库要高于油菜和大豆，小麦—玉米的种植结构是新增耕地碳库储量的最高组合。对比项目开发前后，林地开发耕地过程是一个项目区碳库损失的过程，在此过程中69.6558hm² 的项目区共损失碳库1421.74t。值得注意的是，由于种植结构差异，耕地碳库中的植被碳库会有不同，其土壤有机碳库也会有所不同。然而这种影响无法大量增加耕地碳库储量，改变不了林地开发耕地过程是一个碳库损失过程的事实。

4.4 本章小结

农村土地整治项目的类型众多，每种类型的农村土地整治项目产生的碳效应也十分复杂，对其实证检验具有一定的困难性。鉴于农村土地整治主要影响陆地生态系统中的森林碳库、农田碳库等分碳库，可以借鉴陆地生态系统碳库的计量方法加以实证检验。本书以农村土地整治项目中的林地开发耕地项目为例,揭示项目区由林地碳库转变为耕地碳库过程中的碳效应,以推动农村土地整治向更高阶段发展。根据以上相关研究,本章主要得出以下结论:

(1)不同规模的农村土地整治项目需要适宜的碳效应估算方法。陆地生态系统的碳库估算方法多种多样,但农村土地整治过程有其特殊性,需结合项目实施背景、项目施工过程和项目前后地类等加以考量。基于估算成本和估算精度的有机统一,改进提出了基于抽样调查的实验室估算方法和基于元分析的碳密度估算方法两套农村土地整治的碳效应估算方案。

(2)基于抽样调查的实验室估算方法适用于建设规模大、预算充足、估算精确度要求高的项目。其核心思路是以现场抽样调查为基础,将获取的样品进行实验室测算,以此推算项目区碳库储量。该方法耗时耗力,但精确度较高,更适用于大规模的项目。

(3)基于元分析的碳密度估算方法则适用于建设规模较小、预算有限、估算精度要求不高的项目。其核心思路是以元分析获取的中国各地区土地的碳密度参数体系来推算项目区碳库储量。该方法只需进行基础资料的调研和收集,就可快速估算出农村土地整治的碳效应,但其精度有限,更为适用于成本预算不多的小规模项目。

(4)长兴县林地开发耕地项目实证表明,林地开发耕地过程是一个碳库损失过程。同时,案例验证了基于元分析的碳密度估算方法具有适用性,可以对建设规模较小、精确度要求不高的项目进行快速估算碳库储量,揭示项目开发造成的项目区碳效应。

5 农村土地整治的固碳策略:碳减排与碳固定

在全球气候变化的背景下,农村土地整治作为重要的土地利用活动,其对项目区的固碳服务影响将是农村土地整治项目生态环境影响中的关键指标。根据前述研究,农村土地整治将对项目区产生十分复杂的碳效应,可能会产生正向的碳效应,也可能会产生负向的碳效应。为此,在"固碳减排"的目标导向下,农村土地整治的目标体系也应相应扩展:在原本实现土地价值(经济价值、社会价值和生态价值)最大化的目标体系之中(《上海国土资源》编辑部,2012),拓展农村土地整治的固碳目标。具体来说,可以从减少农村土地整治过程中一切不必要的碳排放和增加农村土地整治过程中一切可能的碳固定出发,从而最终实现农村土地整治的固碳目标。根据农村土地整治项目实施流程逻辑和前述农村土地整治的碳效应分析,可以发现农村土地整治的碳排放主要集中在项目施工阶段,而碳固定的潜力主要集中在项目立项阶段和管护阶段。

5.1 农村土地整治的碳减排策略

现阶段,农村土地整治项目的施工过程更多地关注水土保持、农田生产便捷等,尚未关注到施工对项目区的碳效应。施工工程的技术标准主要来自于《土地开发整理规划编制规程》(TD/T 1011-2000)、《土地开发整理项目规划设计规范》(TD/T 1012-2000)、《土地开发整理项目验收规程》

（TD/T 1013-2000）、《水利建设项目经济评价规范》（SL 72-94）、《灌溉与排水工程设计规范》（GB 50288-99）、《节水灌溉技术规范》（SL 207-98）、《水土保持综合治理技术规范》（GB/T 16453.1-16453.6-1996）、《水利水电工程施工组织设计规范（试行）》（SDJ 338-89）等标准规范,缺少施工工程保护项目区碳库的要求。实际上,农村土地整治项目的施工过程对项目区土壤结构产生了明显干扰,影响了项目区土壤的理化性状、微生物活性、土壤水分等,最终加剧了项目造成的碳效应。

　　合理的碳减排措施是建立在清晰的农村土地整治过程碳库损失来源之上的。根据前述分析可知,农村土地整治的碳效应比较复杂,但在项目施工阶段,由于大量工程机械的使用而产生的碳排放和施工干扰而产生的碳损失是确定无疑的。为此,如何合理的减少项目施工过程中的碳排放和碳损失,成为农村土地整治碳减排的主要方向。一般来说,农村土地整治项目施工阶段可以分为土地平整工程、农田水利工程、田间道路工程、防护林工程和地力培肥工程等。项目施工对项目区碳效应的影响也主要是以上工程所产生的,因而碳减排的方向也需立足于这五个工程阶段（表5-1）。

表5-1　农村土地整治的碳减排策略

项目阶段	减排因素	减排方向	减排措施
项目施工阶段	土地平整工程	减少施工干扰的碳库损失,减少工程机械的碳排放	优化土地平整工程规划,减少多余工程量,必要时进行表土剥离回填
	农田水利工程	减少施工干扰的碳库损失,减少工程机械的碳排放	优化农田水利工程规划,减少不必要的工程量,使用生态化沟渠材料
	田间道路工程	减少施工干扰的碳库损失,减少工程机械的碳排放	优化田间道路工程规划,减少不必要的工程量
	防护林工程	增加项目区的碳库增量,减少项目区的碳库净损失	选择生长稳定、长寿、抗性强、碳密度高的树种作为防护林
	地力培肥工程	增加项目区的碳库增量,减少项目区的碳库净损失	测土配方,分层施肥

5.1.1　土地平整工程的碳减排策略

土地平整工程是农村土地整治项目最先开始的施工阶段，也是项目其他后续施工的基础，在农村土地整治项目中起着重要作用。从碳循环视角看，土地平整工程对项目区碳库的影响主要是大型机械的使用造成的碳排放和土方挖掘平整造成的施工扰动。

土地平整工程改变了团粒结构、温度、水分等土壤自然性状，增加了土壤微生物活性，加快了土壤有机质分解，降低了项目区的土壤有机碳库。同时，挖方填土工程直接破坏了项目区表层优质土壤，使之填入底层，干扰了土壤分层结构。土地平整工程量越大，其对项目区土壤有机碳库的影响越大，越发加剧农村土地整治项目的碳库损失。因此，土地平整阶段的碳减排措施就是优化土地平整工程规划，保护项目区表层土壤。具体来说，就是合理规划设计项目区土地平整工程，根据项目区高程分布因地制宜来调整土地平整模式，减少不必要的土方挖掘平整。在项目区高程落差较大、挖方填土工程量较多时，剥离项目区表层优质土壤，待土地平整完成后进行回填，保护项目区耕层。

此外，土地平整工程中挖掘机等大型机械的使用进一步增加了项目开发的碳排放，减少不必要的土地平整工程量也意味着项目区额外机械碳排放的减少。

5.1.2　农田水利工程的碳减排策略

灌溉和排水等农田水利工程对项目区生态环境的影响已经得到关注(叶艳妹等，2011a；叶艳妹等，2001；张贞等，2010)，但对项目区碳库的影响尚未得到重视。事实上，现有农田水利工程不仅会危及项目区青蛙、蛇等生物生存，影响项目区生态系统的稳定，还阻断了项目区土壤水分的自由迁移，降低了土壤有机碳库。农田水利工程对项目区碳库的影响主要表现在施工对项目区土壤的扰动以及农田水利工程材料对土壤水分、温度等因素的影响。在此背景下，农田水利工程阶段碳减排的方向就是优化农田水利布局规划，减少不必要的农田水利工程量；同时在施工时使用生态化设计的沟渠材料等。

根据农业生产要求和地形地势变化,优化农田水利工程布局,就可以减少不必要的农田水利工程量,进而减少工程施工对项目区碳库的干扰。同时,生态化的沟渠材料可以使农田水利系统融入农田生态系统之中,减少其对物质流、能量流的阻断干扰,增加项目区生物多样性和土壤有机碳库。

5.1.3 田间道路工程的碳减排策略

田间道路主要指新增耕地的生产路、田间道等,是项目区农田生态系统中必不可少的部分,也是沟通项目区各地块的重要纽带。现有研究主要关注如何合理规划田间道路布局来增强农田耕作的便利性(吴风华等,2010),仅有部分学者关注到田间道路对项目区景观格局的影响(张仕超等,2010)、生态系统服务价值的影响(张贞等,2010),尚未关注到其对项目区碳库的影响。事实上,田间道路工程对项目区碳库储量也有着明显影响,主要是施工干扰和农田占用造成的。类似于农田水利工程,在新建田间道路工程时,施工干扰项目区土壤有机碳库是显然的。另外,田间道路工程占用农田而造成的项目区碳库损失也比较明显。为了便于农业机械的通行,田间道和生产路一般都是砼固件或者砂石路面,宽度至少有2~3m,较宽者还可以达到6~8m。硬化路面和大面积的农田占用,减少了项目区新增耕地面积,造成整个项目区碳库损失。为此,田间道路工程阶段的碳减排方向还是合理布局田间道路工程,减少不必要的田间道路工程量。具体来说,在生产、生活便利的前提下,结合项目区地形地势,合理布置项目区田间道路,在保障田间道和生产路的良好连通性前提下,减少不必要的相关工程量。

5.1.4 防护林工程的碳减排策略

防护林是为了保持水土、防风固沙、涵养水源、调节气候、减少污染所经营的天然林和人工林。因此,防护林工程并不是所有农村土地整治项目所必须的。当然,大部分项目区新增耕地的田间道路旁会适当分布防护林。不同于土地平整工程、农田水利工程和田间道路工程,防护林工程的施工干扰可以忽略不计,对项目区的碳库影响总体是正面的。虽然防护林工程并不是完整的森林生态系统,但其仍提升了项目区碳库储量。这种提升不仅表现为防护林增加了项目区地上植被碳库,还表现为防护林通过碳输入增加了防护林区域的土壤有机碳库。因此,在项目施工阶段时,选择生长稳定、寿命长、抗性强、碳密度高的树种,将增加项目区的碳库储量,有效减少项目区碳库净损失。当然,防护林的布局也需综合考虑,以布局在田间道路旁为宜,从而减少其对项目区耕地上农作物生长的影响。

5.1.5　地力培肥工程的碳减排策略

为了保障新增耕地质量,提升耕地的生产力,在项目施工阶段一般还有地力培肥工程。地力培肥工程不仅在农村土地整治的施工阶段中存在,也贯穿于后期的农田管护阶段。根据土壤的测土配方结果,在项目施工阶段进行的地力培肥工程,可以有效增加项目区土壤有机碳库。一般来说,当前地力培肥工程还是以分层施肥为主,以有机粗肥为土壤基肥,以精肥混合无机肥作为土壤表层肥料,以使土壤中肥料分布均匀,土肥相融,进而提升土壤质量(吴宝祥和吴洪红,2009;谢新玲和杜占芬,2002)。此外,在土地平整施工阶段将项目区草本植物等地表植被翻耕到土壤中,对项目区土壤施以绿肥,也可有显著的地力培肥效果(姜新有和周江明,2012)。总的来说,地力培肥工程不仅增加了土壤有机质,进而提高了项目区土壤有机碳库,还进一步促进了农作物生长,提升了农作物植被碳库。

从碳循环视角看,与防护林工程一样,地力培肥工程也对项目区碳库起正向作用,会显著增加项目区碳库储量,有效减少项目区碳库净损失。当然,为了保持项目区农田生产力,不仅仅在项目施工阶段需要进行培肥,在后期管护阶段也需持续进行地力培肥工程,稳定新增耕地质量和农田碳库。

5.2　农村土地整治的碳固定策略

为了实现农村土地整治的"固碳减排"目标,除了减少一切不必要的碳排放外,还应增加一切可能的碳固定。根据农村土地整治项目实施流程逻辑和前述农村土地整治的碳效应分析,可以发现农村土地整治碳固定的潜力主要集中在项目立项阶段和管护阶段(表5-2)。

表5-2 农村土地整治的碳固定策略

项目阶段	影响因素	碳固定方向	碳固定措施
项目立项阶段	森林碳库筛选项目区	减少森林碳库(开发初时);增加森林碳库(开发终时)	开发初时,选择低碳密度的林木种类、低林龄、林分密度偏离最佳的林地为项目区;开发终时,选择高碳密度的林木种类且最优林分密度的林地为项目区
	农田碳库筛选项目区	增加农田碳库(开发终时)	选择农作物植被碳密度高、土壤发育较好、水土保持条件良好的项目区
项目管护阶段	种植制度	增加耕地土壤有机碳库	提高复种指数、降低休耕频率,不同农作物轮作(尤其是豆科作物和多年生作物)
	耕作措施	减少耕地土壤有机碳库损失	减少翻耕频率,适当免耕少耕
	灌溉类型	增加耕地土壤有机碳库	根据土壤水分含量合理选择沟灌、滴灌和渗灌
	施肥方式	增加耕地土壤有机碳库	混合施用有机肥和化肥

5.2.1 项目立项阶段的碳固定策略

现阶段农村土地整治项目在立项时虽然已经考虑到项目实施可能造成的生态环境影响,但对项目实施可能产生的碳效应尚未得到重视,也未提出相应的指导意见。作为农村土地整治项目的初始阶段,项目立项阶段对项目区碳库的主要影响在于不同土地利用结构之间转换导致的碳交换。即使不考虑项目建设规模,不同种类的林木、不同种类的农作物、不同自然条件的项目区等都会影响项目区碳库储量。自然气候条件具有较广的影响范围,只有在国家尺度的农村土地整治项目立项时才需考虑不同气候区的差异。而在中小尺度层面,项目所处的气候区是无法变化的,可以将自然气候条件认定为项目开发过程的背景因素。在增加农村土地整治碳固定的总目标下,从影响项目区开发前后碳库储量的相关因素出发,可以从项目区筛选方面讨论项目立项阶段的碳固定策略。

在农村土地整治项目区筛选过程中,应侧重于项目实施后碳库增加最大的项目区。不同的林木种类、农作物种类,其对应的生态系统碳库储量也会不同。为此,在立项阶段,尽量选择开发前碳库最小、开发后碳库最大的项目区,以增加项目区土地利用结构变换带来的碳固定。本书以陆地生态系统中的森林碳库和农田碳库为例,阐述项目区筛选过程中应注意的因素。

5.2.1.1 森林碳库

现有研究已经表明,林木的种类、林龄、林分密度等均会影响项目区森林碳库总量(曹吉鑫,2011;邓华平等,2011;洪雪姣,2012;张全智,2010)。

林木种类差异造成林地碳密度差异已经成为共识,并已得到各学者相关独立研究的验证。如表4–7温带季风气候区内主要林木碳密度所示,碳密度最高的林木为硬阔叶林,高达349.23t/hm²,而最低的侧柏碳密度仅为99.31t/hm²,相差3倍之多。

林龄与林地碳密度之间存在着正相关,林龄越大,其碳密度也越大。随着林龄的增加,林木的树高、胸径等林木参数也得到极大提升,林下植被碳库、枯落层碳库、土壤有机碳库等也显然会增加。当然,由于光合作用能力限制,林木达到一定的林龄后生长减缓。虽然林地碳密度总量仍然是增加的,但边际增加量却是减少的。此时,新的幼龄林则具有更高的固碳潜力。

林分密度对林地碳密度的影响尚不明确,需要根据不同树种加以分析。从理论上分析,林分密度过低时,土壤温度较高,将加快有机质分解,降低森林碳库;林分密度提高时,林下植被增加,有利于有机质积累,增加森林碳库;但林分密度过高时,也会降低土壤温度,影响林木生长。不同树种的林分密度对森林碳库影响的实证研究结果不同,如随着林分密度增加,不同林龄的苏北杨树碳库总储量均呈现增加趋势(丁扬,2008),而徐州侧柏的研究则揭示了完全相反的变化规律(石聪,2012),甚至认为林分密度与林地碳密度之间不存在相关关系(李静鹏等,2013)。比较综合的看法是,不同的林木具有各自适宜的林分密度,在未达到最优林分密度时,增加林分密度将增加林地碳密度;在超过最优林分密度时,增加林分密度将减少林地碳密度

（郝佳,2012）。

从森林碳库的影响因素出发,农村土地整治项目实施前的项目区林地碳库越低,项目碳固定的可能性越高;项目实施后的项目区林地碳库越高,项目碳固定的可能性越高。具体来说,在项目立项阶段,开发前选择低碳密度的林木种类(如灌木林等)、低林龄且远离最优林分密度的林地为项目区;开发后选择预估高碳密度的林木种类(如阔叶林等)且最优林分密度的林地为项目区。

5.2.1.2 农田碳库

植被碳库和土壤有机碳库共同组成项目开发后的新增耕地碳库(农田碳库),任何影响两个分碳库的相关因素均会对项目区农田碳库产生影响。影响植被碳库的主要因素有自然气候条件(光照、温度、水分等)、农作物种类、土壤类型等关乎植被生长的基础因素,影响土壤有机碳库的主要因素为土壤类型、农田管理等。

在中小尺度项目区中,自然气候条件可以认为是背景因素,而农田管理属于项目管护阶段的长期措施,则农作物种类、土壤类型等成为项目立项时筛选项目区的首选因素。通过项目区周边的调研,可以了解到项目区土壤类型、新增耕地可能种植的农作物种类等信息,为项目区的筛选奠定基础。一般情况下,农作物植被碳库在农田碳库中所占比例不大,远小于农田的土壤有机碳库,但筛选出农作物植被碳库最高的项目区仍能增加农村土地整治的碳固定。当然,土壤有机质含量、土层厚度、土壤水分条件等影响土壤有机碳库的因素更会影响农村土地整治项目实施后的农田碳库储量。土壤有机质丰富、土层厚度较深、土壤发育完全、土壤水分条件适宜的项目区,其新增耕地的土壤有机碳库必然会更高,也更有利于农作物生长,增加项目区植被碳库。

从农田碳库的影响因素出发,在实地调研基础上,预评估农村土地整治项目实施后的新增耕地碳库的可能大小,选择耕地碳库储量最高的项目区作为候选区,可以有效增加农村土地整治的碳固定。具体来说,要结合当地实际情况,选择可以种植芝麻、水稻、玉米、小麦等植被碳密度较高农作物的项目区,选择土壤发育较好、水土保持条件良好的项目区。

5.2.2 项目管护阶段的碳固定策略

在现有的项目管理政策中,经过立项、施工和验收后,农村土地整治项目已经结束,其后期管护主要依靠农户自觉行动,从而造成新增耕地质量非常不稳定。其根源是未能转变农村土地整治的目标,仍以验收后获得的新增耕地指标为项目主要目标。这种忽视项目区后期管护的政策造成新增耕地质量不高,甚至有些新增耕地无法长期耕作,最后直接抛荒,仅仅成为"耕地补充项目库中的新增耕地"。因此,有必要加强项目的后期管护,这也是碳循环视角下农村土地整治项目管护的全新要求。

农村土地整治项目实施后,项目区转变为农田生态系统,项目区碳库相应转变为农田碳库。农田碳库主要有植被碳库和土壤有机碳库组成,其中土壤有机碳库为主要碳库。同时,农田的植被碳库为地表农作物,而不同农作物造成的植被碳库差异已经成为项目立项阶段的碳固定策略。因此,本节主要讨论后期农田管理措施对项目区农田土壤有机碳库的影响,以探寻项目管护阶段的碳固定策略。

农村土地整治项目立项阶段和施工阶段更多地偏向于短期影响项目区碳库,而项目管护阶段则更侧重于长期的碳库稳定和增加。为此,项目管护阶段的碳固定策略重点在于长期尺度上稳定和提升项目区新增耕地的土壤有机碳库,具体碳固定措施关键是增加农田土壤有机碳库输入、减少土壤有机碳库分解。农田土壤有机碳库的动态变化取决于土壤中有机质(作物残茬)输入和分解之间的平衡(杨景成等,2003b)。任何影响土壤有机质输入和分解的因素均会对项目区农田土壤有机碳库产生影响。一般认为,通过合理的种植制度、耕作措施、灌溉类型和施肥方式等方面的措施,可以实现作物残茬输入增加、土壤大团聚体增加、土壤呼吸减少、土壤矿化速率降低,最终长期稳定甚至提升新增耕地的土壤有机碳库,从而实现农村土地整治项目的碳固定。

5.2.2.1 种植制度

自然气候条件不同造成全国各地的种植制度存在较大差异:南方的"水稻—水稻—小麦"的一年多熟制;北方的"冬小麦—玉米"的一年两熟制;东

北、西北的"玉米、小麦、水稻"等一年一熟制;半干旱地区的休耕制。种植制度既影响土壤有机碳的输入,也改变土壤有机碳的分解。合理的种植制度将有效稳定和增加项目区新增耕地碳库,从而实现农村土地整治的碳固定。为此,在自然条件允许的前提下,提高复种指数是增加农村土地整治碳固定的管理策略之一。

此外,由于作物残茬直接关系农田土壤有机碳库输入,可以通过不同作物的轮作来改善项目区农田土壤结构,研究发现其土壤有机碳库储量明显高于单作。其中,轮作残茬比例高的农作物、豆科作物、多年生农作物等均会增加农田土壤有机碳库,从而成为增加农村土地整治碳固定的管理策略之一。

5.2.2.2 耕作措施

一般认为,耕作措施通过影响项目区新增耕地的土壤理化和生物学特性来改变土壤团聚体、土壤呼吸、土壤矿化等因素,从而影响农田土壤有机碳库流失。当然,并不是所有的耕作措施都会造成项目区碳库损失。短期耕作处理下翻耕比旋耕、免耕的固碳作用大,但长期免耕的固碳作用明显。

免耕、少耕措施使农田土壤不稳定碳输入增加,减少了风雨对土壤的侵蚀作用,有利于大团聚体的形成,对土壤有机碳库是起正面作用的。同时,适当免耕、少耕措施还可以增加植物可利用水、抑制土壤微生物活性、降低土壤呼吸、促进真菌生长、增加土壤微生物量和种类、弥补土壤矿化损失。

5.2.2.3 灌溉类型

灌溉是增加农田生产力的有效方式,尤其是在受水分胁迫的干旱、半干旱地区。为此,保障项目区拥有稳定有效的灌溉水源和合理的农田水利工程,推动项目区旱地转变为水浇地,可以有效增加农村土地整治的固碳潜力。

此外,在沟灌、滴灌、渗灌和污灌等灌溉模式中,排除其他因素影响,污灌具有明显的农田固碳潜力。究其原因,污水含有丰富的有机质,施用于土壤将极大地增加土壤的有机碳输入,从而提高土壤有机碳库,但不宜用于农田灌溉。

5.2.2.4 施肥方式

施肥可以有效增加农作物产量,提高作物残茬向土壤有机碳的转化率,进而增加项目区农田土壤有机碳的输入。长期实证监测表明,不施肥的土壤有机碳将下降,单施化肥基本维持土壤有机碳水平,而有机肥的施用将明显增加土壤有机碳库(王旭东等,2000)。有机肥的养分多但相对含量低、释放缓慢、而化肥则单位养分含量高、成分少、释放快。两者混合施用,将提高肥料利用效率,比单施化肥显著提高土壤有机碳库(梁斌等,2009),将是增加农村土地整治碳固定的有效管理策略之一。

5.3 本章小结

在中国生态文明建设和"固碳减排"的目标导向下,农村土地整治的固碳目标也应成为中国土地整治项目的多元化目标体系之一。具体来说,可以从减少农村土地整治过程中一切不必要的碳排放和增加农村土地整治过程中一切可能的碳固定入手,以最终实现农村土地整治的固碳目标。根据农村土地整治项目实施流程逻辑和前述农村土地整治的碳效应分析,可以发现农村土地整治的碳排放主要集中在项目施工阶段,而碳固定的潜力主要集中在项目立项阶段和管护阶段。通过相关研究,本节得出以下结论:

(1)项目立项阶段的碳固定策略。在项目立项阶段,重视从碳效应视角开展项目区筛选工作,充分考虑项目区开发前后的碳库总储量:项目区筛选过程中,应侧重于项目实施前碳库最小、项目实施后碳库最大的项目区,以增加农村土地整治的碳固定潜力。

(2)项目施工阶段的碳减排策略。在项目施工阶段,一方面尽量减少不必要的工程量,选取生态工程材料,减少工程自身碳排放;另一方面重新审视现有项目施工管理要求、规划编制规程和设计规范等标准,并逐步修正工程施工规范,以实现工程施工对项目区扰动最少的目标。

　　(3)项目管护阶段的碳固定策略。在项目管护阶段,侧重于项目区新增耕地的碳库稳定和增加。未来应加强农村土地整治的后期管护力度,建立科学有效的新增耕地保护激励措施,因地制宜地提出种植制度、耕作措施、灌溉类型、施肥方式等农田管理措施,从而增加项目区新增耕地的土壤有机碳输入,减少土壤有机碳分解(增加土壤大团聚体、降低土壤呼吸、降低土壤矿化速率),以后期管护措施来提高新增耕地的碳库储量,增加农村土地整治的碳固定潜力。

6 农村土地整治的政策创新:碳补偿交易体系

从前述可知,农村土地整治过程中可能存在负向碳效应,导致项目区碳库损失。随后,本书提出可以构建农村土地整治的碳减排和碳固定策略来减少这种碳库损失。但不可否认的是,期望通过碳减排和碳固定策略来完全避免项目区碳库损失是不现实的。那么,碳减排和碳固定措施后农村土地整治过程仍剩余的碳库损失又该如何处理? 农村土地整治的正向碳效应又该如何激励?

大气中温室气体总量的增加改变了大气循环过程,将直接影响全球气候变化。为了应对温室气体排放(碳排放)所带来的全球气候变化,国际社会提出了"碳中和"理念:即通过碳减缓和碳补偿措施来实现自身生产、生活的零净碳排放。具体来说,首先通过碳减缓措施来减少生产、生活的碳排放量,再通过造林、再造林等碳补偿项目来抵消剩余碳排放量。农村土地整治对项目区的负向碳效应,可以认为是变相增加大气中温室气体总量的过程。为此,可以尝试通过碳补偿措施来弥补碳减排措施后仍剩余的碳库损失,以实现项目区固碳服务和大气中温室气体总量的稳定。

生态系统服务价值作为衡量生态系统的重要指标,其降低过程反映了生态环境的破坏。为了应对生态环境破坏,激励生态建设的正外部性,"生态补偿"理念被提出并得到实践。生态建设的受益方,需要通过生态补偿的形式来支付享受到的正向生态效应,以激励生态保护方的积极性。农村土地整治过程会对项目区的固碳服务产生明显影响,可能产生正向碳(生态)效应。为此,可以尝试将生态补偿措施引入到农村土地整治过程中,以激励做好固碳服务的农村土地整治项目。

综上所述,农村土地整治过程会影响项目区的固碳服务,可能产生正向碳效应,也可能产生负向碳效应。固碳服务既是关系大气中温室气体总量的关键,也是生态系统服务类型中的重要部分。为此,引入"碳中和"和"生态补偿"理念,演化提出农村土地整治的碳补偿概念,并从负向碳效应和正向碳效应两个维度构建农村土地整治的碳补偿体系。

6.1 农村土地整治碳补偿的提出和演化

6.1.1 碳补偿的本源

随着全球气候变暖的有关争论日益激烈,温室气体排放成为人们共同关注的话题。在日常的生产、生活过程中,人们每天都会向大气中排放二氧化碳、甲烷等温室气体,工业化、城市化进程加快了这种排放。为了控制温室气体的肆意排放,减缓其对全球气候的影响,1992年联合国环境与发展大会签署的《联合国气候变化框架公约》以及1997年签署的《联合国气候变化框架公约京都议定书》确立了温室气体减排和补偿机制。由于二氧化碳是主要的温室气体,一般也将此称之为碳减排(Carbon Reduction)和碳补偿(Carbon Offset)。有些学者将碳补偿等同于碳中和或者碳抵消(Carbon Neutral)(公衍照和吴宗杰,2012),另有学者则认为碳中和的内涵更为广阔,包括碳减排和碳补偿(刘画洁,2012)。实际上,碳中和是目标,碳减排和碳补偿是实现目标的手段。一般认为,碳中和是指二氧化碳排放主体(国家、企业、组织、个人等)在生产、生活过程中实现自身排放的零净增。具体来说,就是在测量基准碳排放的基础上,通过碳减排和碳补偿的途径来实现碳排放零净增。

碳减排是指碳排放主体通过改进生产、生活方式来达到现有科学技术水平或成本限制下的最低碳排放水平,减少碳排放总量;碳补偿则指碳排放主体通过造林、再造林和其他补偿项目增加的固碳能力来抵消碳减排后仍剩余的碳排放量。碳减排和碳补偿是互为有益的组合,碳减排为碳补偿项目奠定了实施基础,碳补偿项目则为碳减排项目提供了资金支持。碳中和目标本身是动态发展的,在不同的发展阶段各有侧重。如果实现碳减排的成本过高,则更多的碳排放主体会选择碳补偿项目来实现温室气体减排目标。由于气候变化是全球问题,任何一地的减排和补偿都会减少大气中的二氧化碳等温室气体,但是全球各地实施造林、再造林等碳补偿项目的成本却差异明显。为此,现阶段欧美发达国家大量通过资金和技术转移在低成本的发展中国家实施碳补偿项目,以此来补偿自身的碳排放,并由此而催生了碳汇市场和碳贸易。但也正是这种成本差异,造成欧美发达国家自身的碳减排推进缓慢,而大量采用碳补偿项目来实现其碳中和的目标,引起较多环保专家和学者的批评。

综上所述,碳补偿和碳减排都是实现碳中和的手段,是人类控制温室气体排放所做的理性选择。在温室气体控制之初,碳减排是主要手段,碳补偿项目仅为补充手段。然而,受价值规律影响,碳减排和碳补偿之间的成本差异造成碳补偿正成为碳中和的主要手段,甚至成为碳中和的替代。

6.1.2 生态补偿的引入

随着可持续发展思想的推进,生态补偿理念被提出并作为资源环境保护方面重要政策得到应用。从发展历程上看,早期的生态补偿主要侧重于生态环境自身的修复,认为生态补偿就是对生态破坏的恢复或者新建生态场所对原有生态功能、质量的替代。20世纪90年代后,生态补偿开始被赋予经济政策含义,拓展到对人类产生生态环境正外部性所给予的补偿。现阶段,生态补偿体系一般可以概括为两个方面:赔偿环境破坏和污染、支付生态系统服务费用(金艳,2009;中国生态补偿机制与政策研究课题组,2007)。

在生态补偿不断发展的过程中,众多理论被应用到其中,试图从各种视角构建起生态补偿的理论框架。其中,代表性的理论有公共产品理论、环境外部性理论、生态系统服务价值理论以及生态资本理论,社会公平正义理论、可持续发展理论等近年来也被加入到生态补偿的理论体系中。在众多理论中,环境外部性理论和生态系统服务价值理论是其中的核心理论,也是讨论农村土地整治过程中生态补偿的关键视角。

6.1.2.1　环境外部性视角

外部性是由马歇尔和庇古于20世纪初提出的,指"在两个当事人缺乏任何相关经济贸易的情况下,由一个当事人向另一个当事人所提供的物品束"。这个概念强调的是两个当事人在事实发生之前不存在任何相关经济贸易,缺乏谈判。也即,决策者在做出某项环境决策时,那些处于决策之外的人并不知情,却不得不承担该决策的某些后果,由此产生环境外部性(陈喜红和吴金明,2004)。如果某一个人或者厂商的环境行为活动使得其他的人或厂商产生收益,可以称之为正外部性,如上游的植树造林、退耕还林活动。如果某一个人或者厂商的环境行为活动使得其他的人或厂商产生损失,可以称之为负外部性,如上游的森林砍伐、环境污染等。环境外部性视角下的生态补偿就是补偿负外部性下的生态损失或者支付正外部性下的生态供给。

农村土地整治会对项目区生态环境产生一定的影响,形成诸如水土流失、植被破坏、碳库损失、生物多样性减少等生态后果。农村土地整治行为使新增耕地指标获取者得到了建设所需的耕地补充指标,但却使他人承受了其造成的生态损失。因此,从环境外部性视角看,农村土地整治过程是一个环境负外部性过程,需要补偿相应的生态损失。

6.1.2.2　生态系统服务价值视角

当前,生态系统服务大都被认为是无价值的,或者其价值是被严重偏低估计的,从而加剧了人类的过度利用。幸运的是,随着可持续发展思想的推广和相关研究的深入,生态系统服务(包括其中的无形服务)开始得到重视,生态系统服务的价值化开始得到认可。有学者就将生态系统服务划分为供给服务、调节服务、支持服务和社会服务4个一级类型,初级产品提供、淡水供给等14个二级类型,食物生产、原材料生产等31个三级类型(谢高地等,2008)。伴随着生态系统服务的提出和价值化,人们开始认识到原本"无价值"的生态破坏和生态服务也可以进行定量化核算。在此背景下,生态补偿被提出和深化,并有学者尝试以生态系统服务价值来作为生态补偿的核算标准(王女杰等,2010)。生态补偿最初就是借鉴了生态系统服务价值的评估思路,将生态服务系统服务价值的测度作为生态补偿的理论和实践依据。也就是说,生态系统服务价值的存在是生态补偿的隐含前提,该价值的核算则构成了"如何补偿"和"补偿多少"的基石(丁四保,2009)。不论是降低生态系统服务价值(环境破坏和污染),还是增加生态系统服务价值(生态供给),涉及生态系统服务价值改变的活动都可以考虑生态补偿。

农村土地整治过程是项目区土地利用结构变化和生态系统转换的过程。在转换过程中,项目区的生态系统服务发生较大改变,供给服务、调节服务、支持服务和社会服务都发生改变。不论农村土地整治过程增加了项目区生态系统服务,还是降低了项目区的生态系统服务,都需要进行生态补偿。区别在于,生态补偿的资金是流入项目区还是流出项目区。

6.1.3　农村土地整治碳补偿的演化

为了控制温室气体排放,挽救日益严峻的全球气候变化,碳中和理念被提出并得到发展。在此过程中,碳减排和碳补偿被作为具体措施而得到广泛应用。受现有科学技术水平、减排成本等因素限制,不论是强制减排的发达国家,还是自愿减排的发展中国家、企业、组织、个人等,更多地选择碳补偿项目来实现全球的温室气体减排。从本源上看,碳补偿是为了抵消实施碳减排措施后剩余的碳排放量而提出的补充措施,其根本目标是控制大气中的温室气体总量。由于类型多样、区域差异等因素,农村土地整治可能会对项目区产生一个负向的碳效应,从而造成项目区碳库损失。换句话说,农村土地整治过程其实也是一个变相的"碳排放"过程。当然,在项目实施过程中,由于施工、管护等原因,施工机械的废气排放、土壤有机质分解和土壤呼吸的增加,属于额外增加了项目区的碳排放。总体上看,农村土地整治过程影响着大气与项目区之间的碳循环,可能降低了项目区碳库储量,增加了项目区的"碳排放"。为了实现温室气体控制的目标,农村土地整治过程也需要进行碳补偿措施,以实现项目开发前后的碳排放零净增,即项目实施前后的项目区碳库平衡。

虽然核算方法还有差异,但生态系统服务价值的存在已经得到了共识。在此过程中,生态补偿概念得到关注。不论是降低生态系统服务价值

(环境污染),还是增加生态系统服务价值(生态供给),涉及生态系统服务价值改变时都可以考虑生态补偿。生态补偿的涵义就包括赔偿生态环境破坏和污染、支付生态系统服务费用两个方面。由于整治类型多样、区域差异明显等原因,农村土地整治过程对项目区生态环境影响比较复杂,可能会产生正向的碳效应,也可能会产生负向的碳效应。然而,不论何种变化趋势,农村土地整治过程均涉及生态系统服务价值的改变,可以考虑生态补偿。

农村土地整治过程既适用于碳补偿政策,也适用于生态补偿政策。两者表面上虽有不同,但其本质追求是一致的:控制人类行为对生态环境的破坏,恢复或重建造成的破坏损失。从生态系统服务的分类看,固定二氧化碳是属于生态系统调节服务中的大气调节服务(谢高地等,2008),也是生态系统服务价值的典型表现之一。正是两者之间的关联性,有学者就将联合国发起的清洁发展机制下的碳储存交易认为是国际上较为成功的生态补偿(环境服务交易)实践案例(丁四保,2009)。从本质上看,可以将碳补偿认为是生态补偿的一个特殊方面,是生态补偿在碳循环视角下的体现。为此,建立农村土地整治的碳补偿政策,既是碳中和理念的需求,也是环境外部性理论和生态系统服务价值理论的需求。

值得注意的是,由于农村土地整治的碳效应具有复杂性,可能存在负向碳效应,也可能存在正向碳效应。为此,本书从负向碳效应和正向碳效应两个维度分别构建农村土地整治的碳补偿政策。

6.2　负向碳效应下的农村土地整治碳补偿政策

由于土地利用结构变化、工程施工等原因,部分农村土地整治项目(如林地开发耕地项目)会造成项目区碳库储量损失的现象,即农村土地整治呈现负向碳效应的特征。为了精准构建差别化的管理政策,本节分析均建立在农村土地整治会造成项目区碳库损失的前提下。根据前述碳中和理念,农村土地整治造成项目区碳库损失,需要通过碳补偿的政策措施来弥补。

6.2.1 农村土地整治的碳补偿目标：碳库平衡

从碳循环视角看，农村土地整治过程是一个改变项目区碳循环模式和造成项目区碳库损失的过程。其中，影响项目实施前后碳库储量的几个主要因素有：项目立项阶段的项目区筛选、项目施工阶段的施工干扰、项目管护阶段的农田管理措施。值得注意的是，项目实施过程中机械使用产生的碳排放虽然未影响项目区碳库储量，但也增加了大气中温室气体总量，是项目开发过程中的碳泄漏。

项目区碳库损失意味着项目区固定的二氧化碳总量减少，在排放总量不变的前提下等于变相地增加了大气中温室气体总量。因此，农村土地整治过程不仅是碳库损失过程，其实也是一个变相的"碳排放"过程。那么，如何控制农村土地整治的碳库损失呢？碳中和理念可以提供借鉴。为了控制温室气体的总量，国际社会提出了碳中和理念，以碳减排和碳补偿措施来实现自身的零净排放。碳中和理念强调的是零净排放，不论是通过碳减排措施来降低排放，还是通过碳补偿措施来抵消排放。具体到农村土地整治过程，碳中和理念演变为碳库平衡理念。也即在农村土地整治过程中，强调项目开发前后的碳库平衡（碳库储量的零净损失），不论是通过碳减排措施来减少碳库损失，还是以碳补偿措施来弥补碳库损失。

为了实现农村土地整治过程的碳库平衡目标，碳减排和碳补偿是实现的主要手段。碳减排措施主要侧重于现有技术、方法的改进，以减少项目开发造成的碳库损失；碳补偿措施主要侧重于造林、再造林等项目的实施，以弥补项目开发造成的碳库损失。碳库平衡的前提是清晰了解项目开发过程中的碳库损失环节，针对不同损失采取不同的碳减排措施和碳补偿措施。

作为农村土地整治负向碳效应的典型代表，林地开发耕地过程可以清晰揭示项目区实施前后碳库损失来源。从前述研究和图6-1可知，林地开发耕地过程中，项目区林地碳库中的枯落物碳库全部损失，植被碳库则因地表植被中林木与农作物结构差异存在部分损失（乔木碳库全部损失，林下植被碳库与农作物碳库相比也存在损失），土壤有机碳库则由于地表有机碳输入的减少和施工扰动存在部分损失。鉴于项目开发过程中的各环节碳库损失，首先需要通过碳减排措施来加以影响，减少项目开发前后的碳库损失；对于实施碳减排措施后仍存在的碳库损失，则选择碳补偿措施来加以弥补，最终实现项目开发前后的碳库平衡(图6-1)。

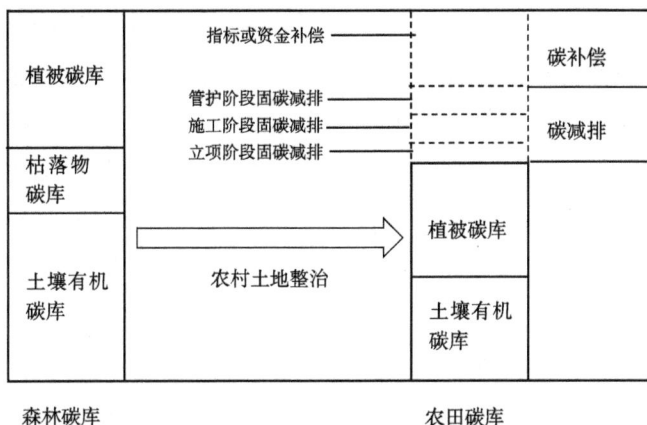

图6-1 林地开发耕地的碳库平衡过程

6.2.2 农村土地整治的碳补偿体系

农村土地整治的碳补偿概念来自于碳中和理念和生态补偿理念，是温室气体减排和生态补偿的有效结合点，具有双重背景。因此，农村土地整治的碳补偿体系构建可以借鉴两者相关内容。当前快速发展的碳汇交易体系、各类生态补偿交易体系(区域生态补偿交易体系、流域生态补偿交易体系、退耕还林生态补偿交易体系等)均可以为农村土地整治的碳补偿体系构建提供理论和实践借鉴。

碳汇交易体系实质就是碳中和理念中的碳补偿体系，是为实现温室气体减排而提出的碳补偿措施。现有碳汇交易可以分为两类：政府主导下的强制减排碳汇交易、个体自发的自愿减排碳汇交易。早期阶段主要是政府主导下的碳汇交易，近年来自发实施的碳汇交易开始蓬勃发展。强制减排下的碳汇交易体系，主要是发达国家向发展中国家投入资金、技术来实施碳补偿项目，其产生的碳汇指标经联合国气候变化公约执行理事会的监管核证后，可以用来抵消自身的碳减排任务。在强制减排的碳汇交易体系中，各国政府承担了主体责任，联合国气候变化公约执行理事会承担监督责任，所有碳补偿项目均需经过严格的核证。比如，中国发改委刚刚批准的四川"诺华川西南林业碳汇、社区和生物多样性项目"就是清洁发展机制的下碳补偿项目。自愿减排下的碳汇交易体系更多地体现市场引导的作用，如芝加哥气候交易所中的碳汇交易过程。因为不具有强制性，自愿减排下的碳汇交易以市场谈判来定价，任何自愿减排的个人、单位等都可以和碳汇提供者进行谈判交易。在此背景下，碳补偿项目增加的碳汇已经成为特殊的商品。然而，由于市场发育的不完善、政府监管的缺失，市场自由交易碳汇体系中存在着一系列问题，如欺诈、影响其他生态环境等，为农村土地整治碳补偿体系构建提供了警示。

生态补偿体系种类较多，国内一般可以分为赔偿生态环境损失和支付生态服务两类。赔偿生态环境损失的生态补偿有矿产资源开采补偿、企业排污补偿等类型，支付生态服务的生态补偿类型有流域生态补偿、区域生态补偿、退耕还林生态补偿等。根据补偿方式差异，又可以分为政府主导型和市场主导型两类。政府主导型的生态补偿体系中，政府承担主体责任，是补偿提供者或者获取者，如矿产资源开采的环境治理费、退耕还林生态补偿等。市场主导型的生态补偿体系中，利益相关者之间进行谈判确定补偿方式，政府作为监督协调者。

农村土地整治的碳补偿是借鉴碳中和理念与生态补偿理念提出的，与碳汇交易体系、生态补偿交易体系有类似之处，但不同之处也较为明显。农村土地整治碳补偿体系包括补偿原则、补偿主体、补偿标准和补偿方式等部分(图6-2)，具体构建内容如下。

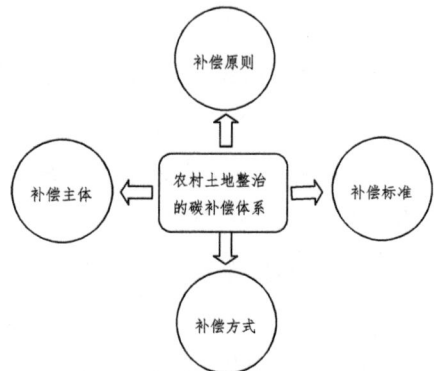

图6-2　农村土地整治的碳补偿体系组成

6.2.2.1　补偿原则

(1)"谁受益、谁补偿"的原则

农村土地整治的碳补偿首先需要遵循"谁破坏、谁补偿"、"谁受益、谁补偿"的基本原则。为什么实施农村土地整治项目呢？在当前的价值导向下，其原因大多是为了新增耕地指标,以解决非农建设占用耕地后的补充耕地需求和稳定区域耕地总量。因此,农村土地整治项目的受益主体应该是建设方或者地方政府:在该项目新增的耕地被建设方作为项目补充耕地后,则其应为受益主体而承担碳补偿的义务;在该项目新增的耕地被列入耕地补充项目库而暂时未被使用时,则地方政府应为受益主体代表而承担碳补偿义务。当然,列入耕地补充项目库的新增耕地最终也将会被其他的建设方来作为耕地补充指标使用,此时地方政府就可以将相关成本转移给该指标实际使用者。

(2)公开、公平、公正原则

农村土地整治过程具有环境的外部性,其改变的生态服务具有公共物品属性,而为此构建的碳补偿体系也应遵循公开、公平、公正原则。由于农村土地整治项目造成的碳库损失涉及全体人民利益,与其相关的政策都应遵循公开原则,使利益相关者都可以获知相关信息。同时,碳补偿政策又涉及项目区垦造成本、耕地建设成本等经济成本,其影响因素众多,在制定相关标准时还需遵循公平、公正原则。只有遵循公开、公平、公正原则确定的碳补偿标准,才会得到拥护并顺利执行下去。

(3)差别化、动态化补偿原则

由于各地自然气候条件、社会经济条件的差异,项目区碳库总量差异明显,碳补偿项目的垦造成本也不一致。因此,在构建农村土地整治的碳补偿体系时,需要遵循差别化、动态化的原则。由于各地区、各类型的农村土地整治过程碳库损失不一致,其碳减排的程度也不一致,最终需要的碳补偿项目规模也不一致。同时,受当地本土物种、社会经济条件的差异,碳补偿项目的垦造成本也将明显不一致。因此,对于不同地区、不同类型的农村土地整治项目给予不同数量、不同期限和不同方式的碳补偿,实现区域的差别化。同时,由于确定碳补偿标准时的影响因素是不断变化的,因此对于同一区域的碳补偿项目在一定期限后还是需要评估,以便于及时调整碳补偿标准,实现碳补偿的动态更新。

(4)政府主导、市场参与的原则

碳补偿项目属于生态保护建设之列,具有公共产品特征,有着环境外部性。同时,在耕地保护和生态保护过程中,市场环境尚不完善,可能出现市场失灵现象。因此,构建农村土地整治的碳补偿体系时,应遵循政府主导、市场参与的原则。政府主要通过法律手段、经济手段、行政手段等来发挥其主导作用,界定碳补偿项目双方的权利和义务,制定相关法律法规,规定碳补偿的形式与标准,实施有效监督等。由于碳补偿政策又涉及利益分配,所以也要充分发挥市场的调节作用,有效配置各种资源,提升碳补偿的效率,增加碳补偿融资渠道,最终实现碳补偿的产业化发展。

6.2.2.2 补偿主体

碳补偿是多个利益主体(利益相关者)之间的一种权利、义务、责任的重新平衡过程。为此,构建农村土地整治碳补偿体系首先就需明确各利益主体之间的角色,明确其相应的权利、义务和责任内容。借鉴生态补偿和碳补偿的基本原则,以"受损者获得补偿""受益者提供补偿"的两大基本原则来作为确定碳补偿主体的主要依据。

(1)碳补偿获得者

碳补偿是为了弥补农村土地整治项目的碳库损失而提出的补充手段,其根本目标是控制大气中温室气体总量,稳定生态环境。从前述生态系统服务的外部性、公共产品属性等特征可知,全体人民具有平等享有生态系统服务的福利。农村土地整治项目造成的碳库损失损害的是全体人民利益,因此碳补偿的获得者应该是全体人民(在碳补偿体系中,全体人民转化为作为公益代理人的政府)。在获得农村土地整治的碳补偿后,地方政府以此资金实施造林、再造林等碳补偿项目,稳定区域碳库总储量。当然,在市场环境合适时,也可以引入市场因素,引导第三方实施碳补偿项目,地方政府则直接以碳补偿资金来购买第三方提供的碳库储量,稳定区域碳库总储量,实现全体人民利益的最大化。

(2)碳补偿提供者

农村土地整治项目造成了项目区碳库损失才催生了碳补偿政策,因此确定碳补偿的提供者就需要分析农村土地整治项目的受益者。当前中国实行"耕地占补平衡"政策,建设项目占用耕地需要补充等量同质的耕地。在此价值导向下,农村土地整治的主要目标仍是新增耕地指标,以补充建设项目所占用耕地指标。为此,可以确定新增耕地指标获得者——占用耕地的建设方是农村土地整治项目的受益者,应承担碳补偿的主要义务。在土地管理实践中,都已实行"先补后占"的耕地保护政策。地方土地管理部门会提前进行农村土地整治项目,将新增耕地指标列入耕地补充项目库,直至建设方需要补充耕地时直接选用。这一操作顺序的改变并不妨碍确定建设方为碳补偿的提供者,地方土地管理部门仅仅受建设方委托代为开发,并不是农村土地整治项目的直接受益者。

(3)碳补偿监督协调者

碳补偿的监督协调者主要职责就是形成农村土地整治碳补偿的约束机制,确保碳补偿机制可以有效地实行。它可以是上级政府(直至中央政府)职能管理部门及其制定的法律和政策,也可以是环境保护组织、协会等非政府组织。其中,上级政府主要是制定相关法律法规和政策,为农村土地整治的碳补偿确立完善的制度环境,非政府组织则侧重于监督碳补偿相关政策制定和实施是否公开、公平、公正,确保碳补偿政策有序实施。

从上述分析过程可知,政府具有多重角色,是碳补偿政策实施的关键主体。首先,政府作为全体人民公共利益的代表,是碳补偿资金获得者;其次,政府受建设方委托直接主导农村土地整治项目,是项目开发的实施方;第三,政府承担新增造林、再造林等碳补偿项目的责任;第四,政府承担监督协调责任。在当前市场环境不完善的背景下,政府主导整个碳补偿体系是无法避免的,否则市场失灵造成的损失将远远大于交易成本。一旦市场完善,政府主要承担监督协调作用:在实施农村土地整治项目时,引导碳补偿提供者(非农建设方)与碳补偿获得者(造林、再造林方)之间进行协商,实现碳补偿资金的转移,最终达到农村土地整治项目的碳库平衡目标。

6.2.2.3　补偿标准

"补偿多少"一直都是生态补偿领域的难点,碳补偿标准也是关系碳补偿政策能否推行的关键因素。然而,补偿标准的确定方法争议仍大,主要有价值核算法、成本核算法、市场协商法等多种方法。

(1)价值核算法

生态系统服务价值的存在已经得到共识,其中固定二氧化碳也是其重要的价值表现。虽然固定二氧化碳的价值逐渐深入人心，但具体到这个价值是多少、如何评估等方面则存在着许多争议。从国内外的生态系统服务价值评价研究看，各学者的评估方法不同，有直接市场评估、间接市场评估和假想市场评估等，核算的结果相差也较大。农村土地整治过程造成的碳库损失究竟有多少价值，现阶段的核算方法仍不能得出一个得到广泛承认的结果。同时，不论各种方法核算结果如何，但总体上看从理论上核算出的价值过于庞大，已经超出了补偿方的支付能力，失去了补偿实施的可行性。

（2）成本核算法

农村土地整治会造成项目区碳库损失，碳补偿措施的目标就是通过新建碳补偿项目增加的碳库来弥补这种损失。为此，可以从新建碳补偿项目的成本来核算碳补偿的成本，并以此作为补偿标准。由于碳补偿项目的公共利益性，在核算其垦造、管护成本时不需考虑利润，即仅考虑造林、再造林等碳补偿项目的物资成本和劳动力成本，并以两者之和来作为补偿标准。该方法计算简便，容易得到补偿各方的认可，客观性较强，具有可验证性（陈钦，2006）。

（3）市场协商法

科斯定理指出，只要谈判成本可以忽略，受影响各方之间就可以通过谈判达到有效率的结果。无论初始产权如何分配，都可以达到同样有效率的结果。产权的初始状态只是决定了净收益的分配，不影响资源配置的状况，自由交换会最终实现资源的最优配置（丁四保，2009）。在市场成熟时，协商谈判是实现资源有效配置的良好手段，但其默认前提是明确的产权。在碳补偿领域，碳库损失的产权不明，同时是具有公共外部性的生态环境资源，利益相关者众多，协商成本高，可能不会出现有效率的协商结果。但是，在确定碳补偿标准时，也不能盲目地将科斯定理的运用排除在外。政府作为公共利益代表，拥有本区域的生态资源处置权，具有部分产权（国家拥有全部产权），可以参与和建设方的协商过程。这种协商需要相关的法律法规来保障，以确保地方政府的产权实施。

总体上看，在当前制度环境下，以新增碳补偿项目的物资成本和劳动力成本来作为碳补偿标准是最适宜的，价值核算法和市场协商法尚有着各自的限制条件,仍需进一步发展。

6.2.2.4　补偿方式

碳补偿方式是实现农村土地整治碳库平衡的重要手段,关乎整个碳补偿体系。只有长期有效的补偿方式,才可以促进农村土地整治的碳补偿政策有序运行。在当前制度环境下,农村土地整治的碳补偿方式主要有两种:指标直接补偿和资金交易补偿。

(1)指标直接补偿

非农建设方由于使用了农村土地整治新增的耕地指标,是项目开发的受益者,承担着弥补项目碳库损失的碳补偿义务。指标直接补偿就是非农建设方直接实施碳补偿项目,以碳补偿项目增加的碳库储量来补偿农村土地整治项目的碳库损失。当然,整个碳补偿过程还需要经过政府管理部门、有资质的相关机构等核证,以确定新实施的碳补偿项目有效、增加的碳库储量可以弥补原有项目的碳库损失等。只有经核证过的碳补偿项目,才可以用来作为项目碳库损失的补偿量。

(2)资金交易补偿

除了直接实施碳补偿项目来作为补偿方式外,非农建设方也可以选择资金交易补偿。在当前制度环境下,资金交易补偿是各种补偿政策中最常见、最直接的补偿方式。碳补偿项目的实施需要大量的时间成本、物资成本、劳动力成本,而项目完成后还需要经过一系列完备的核证过程。这些因素都将延长农村土地整治项目碳补偿的实现时间,拖延非农建设方的原有建设进程。此外,由于非农建设方主体的多样性,绝大多数补偿者并不了解碳补偿项目技术要求,碳补偿项目实施效果差、成本高、时间长,核证通过率也相对较低。从效率和成本角度看,不如将碳补偿项目委托给专业机构,补偿者缴纳碳补偿费来实现农村土地整治项目的碳库平衡。具体实践中,非农建设方在向地方土地管理部门缴纳耕地开垦费获取耕地补充指标时,需要考虑新增耕地来源。如果新增耕地来源于农村土地整治的负向碳效应项目,则非农建设方还需补交碳补偿费,以委托地方土地管理部门(或林业管理部门、其他专业机构等)实施碳补偿项目来补偿农村土地整治项目造成的碳库损失。

总体上看，在当前的制度环境和市场发育背景下，资金交易补偿可能更易操作，是适宜的补偿方式。如果所需的新增耕地来源于农村土地整治的负向碳效应项目，则非农建设方在缴纳耕地开垦费之外还需补交碳补偿费，委托地方政府或其他专业机构完成造林、再造林等碳补偿项目，以实现农村土地整治项目的碳库平衡。

6.2.3 农村土地整治碳补偿的作用

农村土地整治过程对项目区的碳循环产生了重要影响，改变了项目区碳库储量。从本质上说，农村土地整治过程既是对大气温室气体总量的一种扰动，也是对项目区及周边地区生态环境的一种破坏。因此，借助于碳中和理念和生态补偿理念，农村土地整治项目有必要构建碳补偿措施，以作为碳减排措施的补充手段。农村土地整治碳补偿体系的重要意义可以概括如下：

6.2.3.1 实现项目开发前后碳库的平衡

在项目开发过程中，碳减排措施是控制碳库损失的首选措施。然而，受现有科学技术水平以及成本控制的局限，一般情况下碳减排是无法单独实现项目开发前后碳库平衡的。此时，通过构建农村土地整治碳补偿体系，就可以借助碳补偿项目来弥补原有农村土地整治项目剩余的碳库损失，实现该项目的碳库平衡，控制项目开发对项目区的碳循环影响。

6.2.3.2 实现农村土地整治项目外部性的内部化

农村土地整治的碳补偿措施是通过新增造林、再造林等碳补偿项目来实现碳库平衡，但这些碳补偿项目的实施都需要大量初始成本和后期管护成本。借鉴环境污染领域的排污税费制度，按照"谁受益、谁付费"原则，可以对新增耕地指标获取者(占用耕地指标的建设方或者地方政府)收取碳补偿费用，从而实现农村土地整治过程负外部性的内部化。

6.2.3.3 实现区域内土地利用结构的优化

相比较于水稻、小麦等农作物，林木(尤其部分特殊种类林木)对水源、土壤质量等自然条件要求明显更低，具有更为广阔的种植背景，有利于碳补偿项目的实施。正是基于这一判断，农村土地整治项目的碳补偿体系有助于实现区域内土地利用结构的进一步优化。农村土地整治项目区一般土壤质量相对较优,其开发的新增耕地质量较好,有助于农作物生长。而新增的造林、再造林等碳补偿项目则可以选择在四旁地、废弃地、裸地等空闲土地,实现土地的再利用。从土地利用结构角度看,农村土地整治的碳补偿过程,就是将优质的土地用于农作物耕作(耕地),而将空闲土地用于造林(林地),最终实现整个区域的土地利用结构优化。

6.2.3.4 实现耕地保护和生态保护的有机结合

农村土地整治的碳补偿过程,有助于实现耕地保护和生态保护的有机结合。农村土地整治过程新增了质量较优的耕地,稳定了耕地总量,突出了区域耕地保护政策。而项目开发后的碳补偿项目则利用空闲土地实施造林、再造林等项目,实现了生态的易地重建,体现了生态保护政策。本质上看,农村土地整治及其碳补偿过程是通过土地利用的空间换位来实现耕地保护和生态保护的有机结合。

6.3 正向碳效应下的农村土地整治碳补偿政策

当前,大部分农村土地整治项目将改善生态环境作为基本目标,也造成部分农村土地整治项目区会出现碳库储量增加的现象,即农村土地整治呈现正向碳效应的特征。为了精准构建差别化的管理政策,本节分析均建立在农村土地整治会造成项目区碳库增加为前提。根据前述生态补偿和碳汇交易理念,农村土地整治造成项目区碳库增加,可以通过碳补偿的市场交易体系来获益。

6.3.1 农村土地整治体系的现实困境

自20世纪90年代推行土地整治以来,近年来逐渐形成了土地开发、整理、复垦为主的土地综合整治体系(当前广泛实施的城乡建设用地增减挂钩、土地置换、土地二次开发等也是特殊形式的土地整理复垦)。然而,在土地整治实践过程中，不仅土地开发遭受了一系列质疑（主要原因是生态环境破坏），其他土地整治形式也面临着各自的发展困境（表6-1）。在此背景下，有必要重新审视现有土地整治体系，为土地整治政策修正奠定基础。

表6-1　中国土地整治体系的优势和现实困境

土地整治的形式	优势	困境
土地开发	土地开发成本低、新增耕地比例高、新增耕地质量高等	土地生态破坏严重、土地生态重建困难、多重部门管理混乱等
土地整理	优化土地利用结构、提高土地集约利用水平、补充建设用地指标缺口等	土地整理成本高、征地拆迁困难、新增耕地数量少、新增耕地质量差等
土地复垦	新增建设用地和耕地指标、提高土地集约利用水平、改善土地生态环境等	土地复垦潜力地区有限、土地复垦成本较高等

6.3.1.1　土地开发的现实困境

在20世纪90年代中后期，土地开发是主要的土地整治形式，其具有明显的优势：土地开发成本低、新增耕地比例高、新增耕地质量高。当时新增耕地指标是土地整治的主要目标，因此地方政府大都选择土地开发（未利用地开发和林地开发等）作为土地整治首选方向。然而，土地开发问题也随着时间推移而显现出来：土地生态破坏严重、土地生态恢复困难、多重部门管理混乱等。大规模的水土流失，更是自然对人类肆意破坏生态的一个警示。正是认识到土地肆意开发造成的危害，国家开展了大规模的"退耕还林、还草、还湖"工程，并严格控制土地开发项目立项。即使同意土地开发项目立项，也必须进行严格的生态环境影响评价，制定详细措施来减缓土地生态环境破坏。随着国家相关政策引导，土地开发已经失去了土地整治体系中的主导地位。

6.3.1.2　土地整理的现实困境

土地开发被审慎对待后，土地整理逐渐成为国家大力鼓励的土地整治手段。土地整理项目具有明显优势，不仅可以优化土地利用结构、提高土地集约利用水平，还可以补充建设用地指标缺口。建设用地置换、城乡建设用地增减挂钩、土地二次开发等土地整理项目更是成为地方政府缓解建设用地指标紧缺的手段。然而,土地整理也有面临一系列困境:土地整理成本高、征地拆迁困难、新增耕地数量少、新增耕地质量差等。尤其是部分土地整理项目易引起社会冲突,危及社会稳定,延缓土地整治工作的有序推进。同时,还应当注意到,目前开展的土地整理项目大都是较易释放潜力区域,而余下的潜力区域都将是实施困难或者条件缺乏的区域,须逐步缓慢推动。任何跨越地区发展阶段、经济实力推动的土地整理项目(尤其是农村居民点整理项目),都将面临极高的社会风险,易引起社会群体事件。

6.3.1.3 土地复垦的现实困境

土地复垦也是一种常见的土地整治措施,尤其是在工矿废弃地较多的地区。作为废弃土地再利用的一种手段,土地复垦是一种优势明显的土地整治手段:新增建设用地和耕地指标、提高土地集约利用水平、改善土地生态环境。根据待复垦区域的土地利用适宜性评价,依据宜建则建、宜农则农、宜林则林的基本原则,土地复垦可以新增建设用地或者耕地指标,优化土地利用结构。然而,土地复垦也面临着发展困境:土地复垦潜力地区有限、土地复垦成本较高等。土地复垦适用于资源型城市等工矿废弃地较多的地区,其他地区的复垦潜力有限。因此,土地复垦是土地整治体系的有效部分,但显然无法成为主导部分。

综上所述,现阶段土地整治体系面临着一系列的发展困境。深究之,大部分仍是项目的投入产出比不适宜,缺少足够的资金来完善项目区的生产、生活和生态空间。如何在现有农村土地整治的政策体系之内,找寻到新的资金生长点成为突破政策困境的关键。从碳循环视角审视农村土地整治,部分农村土地整治在获取大量新增耕地指标的同时,也产生了正向的碳效应,为全球"固碳减排"工作做出了巨大贡献。因此,将农村土地整治产生的碳汇纳入全球碳汇交易市场,既落实了中国的"固碳减排"责任,也为地方政府完善农村土地整治提供了充足的资金,是耕地保护和生态保护的双赢。

6.3.2 农村土地整治碳补偿的市场交易机制

由于农村土地整治可能存在的生态环境影响,当前国家对于农村土地整治项目的立项和实施极为严格,以确保生态文明建设的目标。然而,如不实施农村土地整治项目,就无法稳定区域耕地总量、完成耕地保护任务。如何协调耕地保护和生态保护之间的矛盾？在两者取舍之时,如能控制、重建农村土地整治项目的生态环境影响,甚至增加项目区生态系统服务,将可能实现"鱼与熊掌兼得",实现区域耕地保护和生态保护的双重目标。

现实实践中,大量农村土地整治项目在新增耕地指标的同时,也改善了生态环境,增加了项目区生态系统服务价值。然而,由于现阶段生态系统服务价值评估方法尚争议较大,不同的方法估算结果相差较大,不利于政策的有效实施。从前述研究可知,固碳也是生态系统服务中的重要类型,并且易于测算,可以作为评估指标。借鉴前述农村土地整治的碳补偿体系理念,可以构建以碳补偿为核心的市场交易机制,通过碳汇交易市场来实现农村土地整治的资金回流,以进一步推动农村土地整治的完善。

在当前农村土地整治新增耕地指标交易体系之外,增加碳汇交易体系。一方面,在资金流上,建设占地单位缴纳耕地开垦费,并转移支付给土地管理部门、专业机构等新增耕地补充项目的实施方;同时,碳减排单位缴纳碳汇交易费用给土地管理部门、专业机构等碳补偿项目的实施方。通过碳补偿交易获取的资金,再投放到农村土地整治项目中,进一步保障农村土地整治的耕地保护和生态保护目标实现。另一方面,在指标流上,农村土地整治项目可以获取到新增耕地指标和碳汇指标,并分别进入市场交易。其中,新增耕地指标流转给非农建设单位,以实现建设项目的耕地占补平衡,碳汇指标流转给碳减排单位,以中和碳排放或碳损失(图6-3)。借鉴农村土地整治的碳补偿体系,以农村土地整治项目为中介,可以构建"耕地占补平衡"和"碳中和"的联动体系,从而可以实现耕地保护和生态保护的双赢目标。

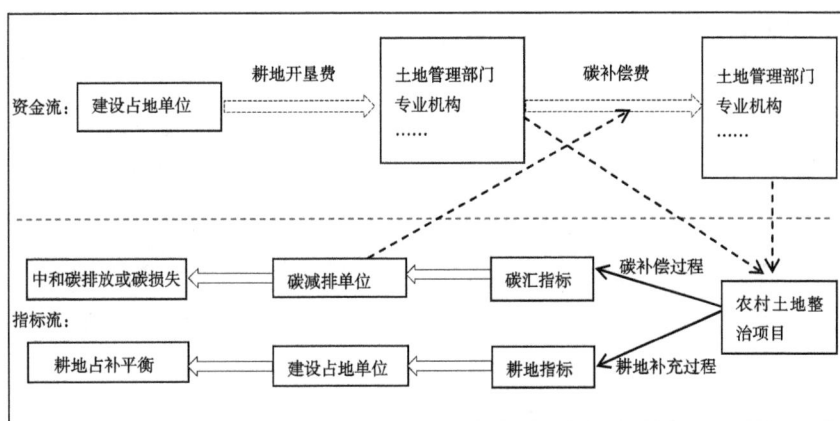

图6-3 农村土地整治的新增耕地和碳汇交易平台

6.3.2.1 交易主体

交易平台涉及的主体主要有建设占地单位、土地管理部门、碳减排单位和专业机构等。在耕地占补平衡体系中，建设占地单位因非农建设占用耕地承担耕地补充义务。建设占地单位可以自行负责或者缴纳耕地开垦费委托地方土地管理部门、专业机构补充耕地，这些都是农村土地整治项目（耕地占补平衡）的相关主体。同时，从环境外部性和生态系统服务价值的视角出发，碳减排单位需要承担碳补偿的责任，而农村土地整治项目正好可以新增碳汇指标。因此，碳减排单位可以通过缴纳碳补偿费用委托地方土地管理部门、专业机构等来开展农村土地整治项目，以获取碳汇指标，这些都是农村土地整治（碳补偿）的相关主体。

6.3.2.2 交易客体

在耕地占补平衡体系中，交易客体是耕地指标。通过补充面积相等、质量相当的耕地，可以平衡建设项目占用耕地，实现粮食生产能力不降低的粮食安全要求。在碳补偿交易体系中，交易客体是碳汇指标。通过交易等量的碳汇指标，可以弥补碳减排单位的减排任务，实现全球"固碳减排"的目标。通过市场交易，可以实现耕地占补平衡和碳库平衡，从而达到耕地保护和生态保护的有机结合。

6.3.2.3 交易流程

从系统论角度看，整个交易平台可以分为资金流和指标流两个系统。

从资金流看,建设占用单位缴纳耕地开垦费、碳减排单位缴纳碳补偿费,委托地方土地管理部门、专业机构来实现耕地补充和碳库补偿义务。从指标流看,地方土地管理部门、专业机构通过农村土地整治项目获取新增耕地指标和碳汇指标,并因资金的流入而将相关指标转移给建设占地单位和碳减排单位。在当前的制度环境和市场发育背景下,地方土地管理部门主要承担新增耕地和碳汇的义务,建设占地单位和碳减排单位通过缴纳耕地开垦费、碳补偿费来获取相关指标,完成耕地补充和碳库补偿义务。在合适的时机,可以将市场机制引入到耕地补充和碳汇交易活动中,建设占地单位和碳减排单位可以自行购买经过核证过的相关指标,有利于资源的有效配置。

6.4 本章小结

农村土地整治过程存在着显著的碳效应,在新增耕地指标的同时直接影响了项目区的固碳能力。为此,借鉴生态补偿和碳中和的相关理念,提出农村土地整治的碳补偿概念,并分别从负向碳效应和正向碳效应两个维度构建了农村土地整治的碳补偿政策体系。本章主要得出了以下结论：

(1)农村土地整治过程需要碳补偿措施。农村土地整治过程会影响项目区固碳服务,同时改变大气中温室气体总量和项目区生态系统服务价值。为了弥补农村土地整治过程造成的负向碳效应和支付正向碳效应,引入碳中和理念和生态补偿理念,提出农村土地整治的碳补偿概念。碳补偿概念虽然源自碳中和理念,但农村土地整治的碳补偿有所发展,其与生态补偿理念也有相通之处。

(2)负向碳效应下的农村土地整治碳补偿政策以碳库平衡为目标。根据碳中和理念,农村土地整治的碳补偿是为了弥补经过碳减排措施后仍剩余的碳库损失。因此,农村土地整治的碳补偿目标是项目实施前后的碳库平衡,实现项目实施过程的零净碳损失。最后,根据碳库平衡的总目标,分别从补偿原则、主体、标准、方式层面构建了农村土地整治碳补偿体系。

　　（3）正向碳效应下的农村土地整治碳补偿政策以耕地保护和生态保护双赢为目标。在当前农村土地整治体系全面陷入实施困境的背景下,充分挖掘农村土地整治的正向碳效应,借鉴生态补偿和碳汇交易体系,构建农村土地整治碳补偿体系,可以实现新增耕地指标和碳汇指标的双重交易,从而吸引大量资金来完善农村土地整治项目,以实现耕地保护和生态保护的双赢。

7 研究结论与展望

7.1 主要结论

本书从碳循环视角下重新审视了农村土地整治过程,最终提出了"农村土地整治的多元化目标(在农村土地整治既有目标体系下实现固碳新目标)"的构想。在理论初判和实证检验农村土地整治碳效应的基础之上,提出了农村土地整治的固碳新目标,并分别讨论了农村土地整治的碳减排和碳固定策略,最后提出了农村土地整治的碳补偿交易体系,来改进现有农村土地整治政策体系。全书主要结论如下:

(1)农村土地整治的碳效应不可忽视。从理论上分析,根据农村土地整治的实施流程逻辑,农村土地整治项目的碳效应主要分为前期土地利用结构碳效应、中期工程措施碳效应和后期农田管理碳效应。然而,由于整治类型众多、区域差异明显等因素,农村土地整治的碳效应十分复杂,可能产生正向碳效应,也可能产生负向碳效应。鉴于农村土地整治中的林地开发耕地项目涉及陆地生态系统中的森林碳库、农田碳库等至关重要的分碳库。本书以长兴县林地开发耕地项目为实证案例,揭示出林地开发耕地过程造成69.6558hm²的项目区碳库损失1421.75t(其中,项目区多年蓄积的植被碳库遭到一次性损失)。而这仅仅是农村土地整治项目的土地利用结构碳效应,还未考虑中期工程措施碳效应和后期农田管理碳效应。因此,农村土地整治对项目区的碳库储量影响不可忽视,将是继水土流失、生物多样性减少、景观变化等生态系统服务后又一值得关注的方面。

(2)农村土地整治的固碳目标是多元化目标体系的关键组成。在中国生态文明建设和"固碳减排"的目标导向下,农村土地整治的固碳目标也应该成为中国土地整治项目的目标体系之一。而为了实现农村土地整治的固碳目标,可以结合农村土地整治项目的实施流程逻辑,分别提出碳减排策略和碳固定策略。也即,减少农村土地整治过程中一切不必要的碳排放和增加农村土地整治过程中一切可能的碳固定。具体来说,在项目立项阶段,重视从碳库变化视角开展项目区筛选工作,充分考虑项目区开发前后的碳库总储量;在项目施工阶段,既要减少不必要的工程量、选取生态工程材料,以减少工程自身碳排放,又要逐步修正工程施工规范,以实现工程施工对项目区扰动最少的目标;在项目管护阶段,因地制宜地选择种植制度、耕作措施、灌溉类型、施肥方式等农田管理措施,以增加项目区新增耕地的土壤有机碳输入、减少土壤有机碳分解,从而最终实现新增耕地的碳库稳定和增加。

(3)农村土地整治的碳补偿政策可以实现耕地保护和生态保护的双赢。农村土地整治过程存在着显著的碳效应,在新增耕地指标的同时也直接影响了项目区的生态系统服务。为此,借鉴"生态补偿"和"碳中和"的相关理念,本书提出农村土地整治的碳补偿概念,并分别从负向碳效应和正向碳效应两个维度构建了农村土地整治的碳补偿政策体系。负向碳效应下的农村土地整治碳补偿政策以碳库平衡为目标,最终实现项目实施过程的零净碳损失。正向碳效应下的农村土地整治碳补偿政策以新增耕地指标和碳汇指标的双重交易为核心,最终实现资金流和指标流的联动,从而带动农村土地整治项目的改进和完善。

7.2 可能的特色之处

(1)提出了农村土地整治的新研究视角。农村土地整治过程会影响项目区生态环境已经早有共识,但仍主要集中在水土保持、生物多样性、景观格局等方面,尚未关注碳效应(固碳能力变化)方面。在全球气候变化日益严峻的背景下,本书从碳循环视角重新审视了农村土地整治过程,分析了农村土地整治的碳效应,从而提出了农村土地整治的多元化目标体系。

(2)提出了不同情境下的农村土地整治碳库估算方法。现有碳库估算方法主要用来估算静态特定碳库,农村土地整治过程的专用碳库估算方法尚缺少。在陆地生态系统碳库估算方法基础上,基于不同的成本控制和精度要求,本书改进提出了基于抽样调查的实验室估算碳库方法和基于元分析的碳密度估算碳库方法。其中,前者适用于开发规模大、预算成本高、精确度要求高的农村土地整治项目,后者适用于开发规模小、预算成本小、精确度要求适度的农村土地整治项目。

(3)提出了农村土地整治项目不同阶段的碳减排和碳固定策略。现阶段,农村土地整治项目需要进行环境影响评价,并提出具体的减缓措施。然而,减缓环境影响的措施中缺少项目区碳库变化的响应措施。为此,本书从农村土地整治项目实施流程逻辑出发,分阶段讨论了项目立项阶段、施工阶段、管护阶段的碳减排策略和碳固定策略,以实现农村土地整治的固碳目标。

(4)提出了农村土地整治的碳补偿交易体系。虽然农村土地整治可能存在正向碳效应,也可能存在负向碳效应,但借鉴"碳中和"与"生态补偿"理念,本书提出农村土地整治的碳补偿概念,来弥补可能造成的负向碳效应和支付可能产生的正向碳效应。农村土地整治碳补偿交易体系的提出,实现了农村土地整治的资金流与指标流的重组,为农村土地整治项目带来了大量资金,可以达到耕地保护和生态保护的双重目标。

7.3 讨论与展望

7.3.1 研究讨论

考虑到农村土地整治对生态系统服务价值、景观多样性、人类干扰强度等方面产生的负面效应(Zhang, et al.,2014),建构生态型农村土地整治尤为必要。据测算,传统型土地整治实施后项目区土壤有机碳由8.38g/kg下降到7.91g/kg,但采用了表土剥离回填、客土培养及改良等措施的生态型土地整治实施后土壤有机碳却提高了28.41%(梁颖等,2016),可以有效增加项目区固碳效果。

然而,在农村土地整治的战略层面,也要警惕从"经济至上主义"走向"生态至上主义"。根据马斯洛的需要层次理论和生态心理学思想,人的需要是从初级的生理性需要向高级的社会性需要发展,其递进关系在一定程度上符合"金字塔"模型。如,当前部分农民对土地整治工程建设中低碳设计、生态技术应用认识还不足,偏爱水泥硬质路面、预制板衬砌的渠道,对低碳型田间道路和材料有排斥心理(罗明等,2015)。为此,在倡导注重农村土地整治的碳效应时,也应考虑到经济目标、社会目标和其他生态目标,尊重群众的需要层次,逐步开展可持续的农村土地整治活动。

7.3.2 研究展望

由于农村土地整治的复杂性和多样性,涉及生态学、工程学、农学、经济学、社会学等多学科,本书的研究结果是探索性的,未来还可以从以下方面进一步深化研究:

(1)进一步细化农村土地整治的碳效应研究。农村土地整治过程涉及林地、耕地等陆地生态系统中重要碳库,其影响因素众多。本书主要实证分析了农村土地整治的土地利用结构碳效应,而工程措施碳效应和农田管理碳效应仅限于理论分析,项目实施使用的大量机械和肥料等额外碳排放也被忽略不计。今后研究中,要尝试定量化估算施工产生的碳效应,并将额外碳排放纳入到分析框架之中。

(2)进一步实证分析农村土地整治的碳减排和碳固定策略。本书对农村土地整治的碳减排策略和碳固定策略讨论均偏重于理论分析,缺少案例数据辅助说明。今后研究中,应增加实证研究,通过长期的不同工程实验来对比分析碳减排和碳固定措施效果。

(3)进一步加深农村土地整治的碳补偿政策研究。虽然碳汇交易机制、生态补偿交易机制已有实践,但融合两者的农村土地整治碳补偿政策仍处于初期阶段,未来亟需展开仿真模拟和试点研究,以完善农村土地整治的碳补偿交易体系。

英文参考文献

AHMAD A, NIZAMI S M, 2015. Carbon stocks of different land uses in the Kumrat valley, Hindu Kush Region of Pakistan[J]. Journal of Forestry Research, 26(1): 57–64.

ALLEN A O, FEDDEMA J J, 1996. Wetland loss and substitution by the section 404 permit program in southern California, USA[J]. Environmental Management, 20(22): 263–274.

AMBASTHA K, HUSSAIN S A, Badola R, 2007. Social and economic considerations in conserving wetlands of indo–gangetic plains: a case study of Kabartal Wetland, India[J]. Environmentalist, 27(2): 261–273.

ANDERSON K, 2012. The inconvenient truth of carbon offsets[J]. Nature, 484 (7392): 7.

BALDOCCHI D, FALGE E, GU L, et al, 2001. Fluxnet: A new tool to study the temporal and spatial variability of ecosystemscale carbon dioxide, water vapor, and energy flux densities[J]. Bulletin of American Meteorological Society, 82(11): 2415–2434.

BALESDENT J, CHENU C, BALABANE M, 2000. Relationship of soil organic matter dynamics to physical protection and tillage[J]. Soil & Tillage Research, 53(3–4): 215–230.

BI é NABE E, HEARNE R R, 2006. Public preferences for biodiversity conservation and scenic beauty within a framework of environmental services payments[J]. Forest Policy and Economics, 9(4): 335–348.

BLACKMAN A, WOODWARD R T, 2010. User financing in a national payments for environmental services program: Costa Rican hydropower[J]. Ecological Economics, 69(8): 1626–1638.

BROWN K, ADGER W N, 1994. Economic and political feasibility of international carbon offsets[J]. Forest Ecology and Management, 68(2–3): 217–229.

CAIRNS M A, BROWN S, HELMER E H, et al, 1997. Root biomass allocation in the world's upland forests[J]. Oecologia, 111(1–11): 1.

CAMPBELL C A, ZENTNER R P, LIANG B C, et al, 2000. Organic C accumulation in soil over 30 years in semiarid southwestern Saskatchewan – effect of crop rotations and fertilizers [J]. Canadian Journal of Soil Science, 80 (1): 179–192.

CAMPBELL C A, ZENTNER R P, SELLES F, et al, 1992. Comparative effects of grain lentil wheat and monoculture wheat on crop production, n–economy and n–fertility in a brown chernozem[J]. Canadian Journal of Plant Science, 72(4): 1091–1107.

CASPERSEN J P, PACALA S W, JENKINS J C, et al, 2000. Contributions of land–use history to carbon accumulation in US forests [J]. Science, 290 (5494): 1148–1151.

CHUAI X, HUANG X, WANG W, et al, 2014. Spatial Simulation of Land Use based on Terrestrial Ecosystem Carbon Storage in Coastal Jiangsu, China[J]. Scientific Reports(4): 5667.

CLAASSEN R, CATTANEO R, JOHANSSON, 2008. Cost–effective design of agri–evironmental payment programs:U.S. experience in theory and practice [J]. Ecological Economics, 65(4): 737–752.

CLARKE M, 2010. The over–the–counter market for forest carbon offsets: an insight into pricing in a market without common price signals [J]. Australian Forestry, 73(3): 171–176.

COOPER J C, OSBORN C T, 1998. The effect of rental rates on the extension of conservation reserve program contracts[J]. American Journal of Agricultural

Economics, 80(1): 184–194.

CORBERA E, ESTRADA M, BROWN K, 2009. How do regulated and voluntary carbon-offset schemes compare? [J]. Journal of Integrative Environmental Sciences, 6(1): 25–50.

COSTANZA R, D'ARGE R, DE GROOT R, et al, 1997. The value of the world's ecosystem services and natural capital[J]. Nature, 387(6630): 253–260.

CUNNINGHAM R K, 1963. The effect of clearing on a tropical forest soil [J]. Journal of Soil Science, 14(2): 334–345.

CUPERUS R, CANTERS K J, PIEPERS A A G, 1996. Ecological compensation of the impacts of a road. preliminary method for the A50 road link (Eindhoven-Oss, the Netherlands)[J]. Ecological Engineering, 7(4): 327–349.

DAILY G C, 1997. Nature's services: societal dependence on natural ecosystems [M]. Washington D.C.: Island Press.

DAVIDSON E A, ACKERMAN I L, 1993. Changes in soil carbon inventories following cultivation of previously untilled soils [J]. Biogeochemistry, 20(3): 161–193.

DENNIS L M, 1974. The limits to growth – a report for the club of Rome's project on the predicament of mankind[M]. New York: Universe Book.

DETWILER R P, HALL C, 1988a. Tropical forests and the global carbon-cycle [J]. Science, 239(4835): 42–47.

DETWILER R P, HALL C, 1988b. The global carbon-cycle-response[J]. Science, 241(4874): 1738–1739.

DETWILER R, 1986. Land use change and the global carbon cycle:the role of tropical soils[J]. Biogeochemistry, 2(1): 67–93.

DHANDA K K, HARTMAN L P, 2011. The ethics of carbon neutrality: a critical examination of voluntary carbon offset providers[J]. Journal of Business Ethics, 100(1): 119–149.

DIXON R K, ANDRASKO K J, SUSSMAN F G, et al, 1993. Forest sector carbon offset projects–near–term opportunities to mitigate greenhouse–gas emissions

[J]. Water Air and Soil Pollution, 70(1–4): 561–577.

DOBBS T L, PRETTY J, 2008. Case study of agri–environmental payments:the United Kingdom[J]. Ecological Economics, 65(4): 765–775.

ENGEL S, PAGIOLA S, WUNDER S, 2008. Designing payments for environmen‐ tal services in theory and practice: an overview of the issues[J]. Ecological Economics, 65(4): 663–674.

FANG J Y, CHEN A P, PENG C H, 2001. Changes in forest biomass carbon stor‐ age in China between 1949 and 1998[J]. Science, 292(5525): 2320–2322.

FULTON M, VERCAMMEN J, 2009. Optimal two–part pricing in a carbon offset market: a comparison of organizational types[J]. Southern Economic Journal, 76(2): 513–532.

GALIK C S, COOLEY D M, BAKER J S, 2012. Analysis of the production and transaction costs of forest carbon offset projects in the USA[J]. Journal of Environmental Management, 112(1): 128–136.

GANS J S, GROVES V, 2012. Carbon offset provision with guilt–ridden consumers [J]. Journal of Economics & Management Strategy, 21(1): 243–269.

GARC í A–AMADO L R, P é REZ M R, ESCUTIA F R, et al, 2011. Efficiency of payments for environmental services: equity and additionality in a case study from a biosphere reserve in Chiapas, Mexico[J]. Ecological Economics, 70 (12): 2361–2368.

GASPARATOS A, STROMBERG P, TAKEUCHI K, 2011. Biofuels, ecosystem services and human wellbeing: putting biofuels in the ecosystem services nar‐ rative[J]. Agriculture, Ecosystems & Environment, 142(3–4): 111–128.

GASTON G, BROWN S, LORENZINI M, et al, 1998. State and change in carbon pools in the forests of tropical Africa[J]. Global Change Biology, 4(1): 97– 114.

GLASS G V, 1976. Primary, secondary, and meta–analysis of research[J]. Educa‐ tion Research, 5(10): 3–8.

HALL J A, ROSENTHAL R, 1995. Interpreting and evaluating meta–analysis[J].

Evaluation & the Health Professions, 18(4): 393–407.

HARNNDAR B, 1999. An efficiency approach to managing Mississippi's marginal land based on the conservation reserve program [J]. Resource Conservation and Recycling, 26(1): 15–24.

HAVLIN J L, KISSEL D E, MADDUX L D, et al, 1990. Crop rotation and tillage effects on soil organic carbon and nitrogen[J]. Soil Science Society of America Journa, 54(2): 448–452.

HOUGHTON R A, 2003. Revised estimates of the annual net flux of carbon to the atmosphere from changes in land use and land management 1850–2000[J]. Tellus B, 55(2): 378–390.

HOUGHTON R A, HACKLER J L, LAWRENCE K T, 1999a. The US carbon budget: contributions from land–use change[J]. Science, 285(5427): 574–578.

HOUGHTON R A, HACKLER J L, 1999b. Emissions of carbon from forestry and land–use change in tropical Asia[J]. Global Change Biology, 5(4): 481–492.

HYAMS K, FAWCETT T, 2013. The ethics of carbon offsetting[J]. Wiley Interdisciplinary Reviews–Climate Change, 4(2): 91–98.

IPCC, 2007. Climate change 2007: the physical science basis [R]. Cambridge: Cambridge University Press.

IPCC, 2005. Carbon dioxide capture and storage[R]. Cambridge: Cambridge University Press.

JACKA B K, KOUSKYA C, SIMSA K R E, 2008. Designing payments for ecosystem services:lessons from previous experience with incentive–based mechanisms[J]. National Acad Sciences, 105(28): 9465–9740.

JANZEN H H, CAMPBELL C A, IZAURRALDE R C, et al, 1998. Management effects on soil C storage on the Canadian prairies [J]. Soil & Tillage Research, 47(3–4): 181–195.

JOHNSON J, ALLMARAS R R, REICOSKY D C, 2006. Estimating source carbon from crop residues, roots and rhizodeposits using the national grain–yield database[J]. Agronomy Journal, 98(3): 622–636.

KARANI P, 2003. Emerging carbon offset markets: Prospects and challenges[M]. Greenhouse Gas Control Technologies – 6th International Conference, Kaya Y, Oxford:Pergamon, 1761–1764.

KING A W, EMANUEL W R, WULLSCHLEGER S D, et al, 1995. In search of the missing carbon sink – a model of terrestrial biospheric response to land-use change and atmospheric CO_2[J]. Tellus B, 47(4): 501–519.

KROENERT R, BAUDRY J, BOWLER I R, et al, 1999. Land-use changes and their environmental impact in rural areas in Europe[M]. New York: UNESO The Parthenon Publishing Group: 1–247.

LAL R, 2002. Soil carbon dynamics in cropland and rangeland[J]. Environmental Pollution, 116(3): 353–362.

LAL R, 1999. Soil management and restoration for C sequestration to mitigate the accelerated greenhouse effect [J]. Journal of Social & Personal Relationships, 12(4): 553–558.

LAMBIN E F, TURNER B L, GEIST H J, et al, 2001. The causes of land-use and land-cover change: moving beyond the myths [J]. Global Environmental Change, 11(4): 261–269.

LEVY P E, FRIEND A D, WHITE A, et al, 2004. The influence of land use change on global-scale fluxes of carbon from terrestrial ecosystems[J]. Climatic Change, 67(2–3): 185–209.

LOVELL H C, 2010. Governing the carbon offset market[J]. Wiley Interdisciplinary Reviews–Climate Change, 1(3): 353–362.

LOVELL H, BULKELEY H, LIVERMAN D, 2009. Carbon offsetting: sustaining consumption?[J]. Environment and Planning A, 41(10): 2357–2379.

LOVELL H, LIVERMAN D, 2010. Understanding Carbon Offset Technologies [J]. New Political Economy, 15(2): 255–273.

LUPWAYI N Z, RICE W A, CLAYTON G W, 1999. Soil microbial biomass and carbon dioxide flux under wheat as influenced by tillage and crop rotation [J]. Canadian Journal of Soil Science, 79(2): 273–280.

MACKERRON G J, EGERTON C, GASKELL C, et al, 2009. Willingness to pay for carbon offset certification and co-benefits among (high-)flying young adults in the UK[J]. Energy Policy, 37(4): 1372-1381.

METZGER M J, ROUNSEVELL M D A, ACOSTA-MICHLIK L, et al, 2006. The vulnerability of ecosystem services to land use change[J]. Agriculture Ecosystems & Environment, 114(1): 69-85.

MORAES J L, CERRI C C, MELILLO J M, et al, 1995. Soil carbon stocks of the Brazilian amazon basin[J]. Soil Science Society of America Journal, 59(1): 244-247.

MORAN D, MCVITTIE A, ALLCROFT D J, et al, 2007. Quantifying public preferences for agri-environmental policy in Scotland: a comparison of methods [J]. Ecological Economics, 63(1): 42-53.

NAKAMURA H, KATO T, 2013. Japanese citizens' preferences regarding voluntary carbon offsets: an experimental social survey of Yokohama and Kitakyushu[J]. Environmental Science & Policy, 16(25): 1-12.

NIESTEN E T, RICE R E, RATAY S M, et al, 2004. Commodities and conservation: the need for greater habitat protection in the tropics [R]. Washington: Conservation International.

OSBORNE T, KIKER C, 2005. Carbon offsets as an economic alternative to large-scale logging: a case study in Guyana [J]. Ecological Economics, 52(4): 481-496.

PACALA S W, HURTT G C, BAKER D, et al, 2001. Consistent land and atmosphere based US carbon sink estimates[J]. Science, 292(5525): 2316-2320.

PAUSTIAN K, ANDREN O, JANZEN H, et al, 1997. Agricultural soil as a C sink to offset CO_2 emission[J]. Soil Use and Management, 13(2): 230-244.

PFAFF A, KERR S, HUGHES R F, et al, 2000. The Kyoto protocol and payments for tropical forest: An interdisciplinary method for estimating carbon-offset supply and increasing the feasibility of a carbon market under the CDM[J]. Ecological Economics, 35(2): 203-221.

PLANTINGA A J, ALIG R, CHENG H, 2001. The supply of land for conservation uses: evidence from the conservation reserve program[J]. Resources, Conservation and Recycling, 31(3): 199–215.

PRAGER K, REED M, SCOTT A, 2012. Encouraging collaboration for the provision of ecosystem services at a landscape scale—rethinking agri–environmental payments[J]. Land Use Policy, 29(1): 244–249.

RACHEL C, 2003. Silent Spring[M]. Boston: Houghton Mifflin Harcourt.

RAVINDRANATH N H, OSTWALD MADELENE, 2009. 林业碳汇计量[M]. 李怒云, 吕佳, 译. 北京:中国林业出版社.

ROBERT K. YIN, 2010. 案例研究:设计与方法(中文第2版)[M]. 李永贤, 周海涛, 李虔, 译. 重庆:重庆大学出版社.

Sá J C D M, LAL R, CERRI C C, et al, 2017. Low–carbon agriculture in South America to mitigate global climate change and advance food security[J]. Environment International, 98(2017): 102–112.

SCEP, 1970. Man's impact on the global environment :assessment and recommendations for action[M]. Cambridge MA: MIT Press.

SCHLESINGER W H, 1990. Evidence from chronosequence studies for a low carbon–storage potential of soils[J]. Nature, 348(6298): 232–234.

SMITH P, POWLSON D S, SMITH J U, et al, 2000. Meeting Europe's climate change commitments: quantitative estimates of the potential for carbon mitigation by agriculture[J]. Global Change Biology, 6(5): 525–539.

STEFANO P, 2008. Payments for environmental services in Costa Rica[J]. Ecological Economics, 65(4): 712–724.

SWIFT M J, IZAC A M N, VAN NOORDWIJK M, 2004. Biodiversity and ecosystem services in agricultural landscapes—Are we asking the right questions? [J]. Agriculture Ecosystems & Environment, 104(1): 113–134.

SWISHER J, MASTERS G, 1992. A mechanism to reconcile equity and efficiency in global climate protection–international carbon emission offsets[J]. Ambio, 21(2): 154–159.

Tian H Q, Melillo J M, Kicklighter D W, et al, 2003. Regional carbon dynamics in monsoon Asia and its implications for the global carbon cycle[J]. Global and Planetary Change, 37(3-4): 201-217.

TUCKER M, 2001. Trading carbon tradable offsets under Kyoto's clean development mechanism: the economic advantages to buyers and sellers of using call options[J]. Ecological Economics, 37(2): 173-182.

TURNER B I, SKOLE D, SANDERSON S, et al, 1997. Land use and land-cover change[J]. Earth Science Frontiers, 4(1): 26-33.

VAN KOOTEN G C, EAGLE A J, MANLEY J, et al, 2004. How costly are carbon offsets? A meta-analysis of carbon forest sinks[J]. Environmental Science & Policy, 7(4): 239-251.

WAINGER L A, KING D M, MACK R N, et al, 2010. Can the concept of ecosystem services be practically applied to improve natural resource management decisions?[J]. Ecological Economics, 69(5): 978-987.

WESTMAN W E, 1977. How much are nature's services worth? measuring the social benefits of ecosystem functioning is both controversial and illuminating [J]. Science, 197(4307): 960-964.

WILLIAM E R, WILLIAM B M, TURNER B L, 1994. Modeling land use and land cover as part of global environmental change[J]. Climatic Change, 28(1-2): 45-64.

WITTMAN H, POWELL L J, CORBERA E, 2015. Financing the agrarian transition? The Clean Development Mechanism and agricultural change in Latin America[J]. Environment & Planning A, 47(10): 2031-2046.

WUNDER S, 2005. Payments for environmental services: some nuts and bolts[J]. Center for International Forestry Research, 42(9): 1-4.

WUNDER S, ENGEL S, PAGIOLA S, 2008. Taking stock: a comparative analysis of payments for environmental services programs in developed and developing countries[J]. Ecological Economics, 65(4): 834-852.

YUNG EN C, 2004. An ecological perspective on the valuation of ecosystem services[J]. Biological Conservation, 120(4): 549–565.

ZHANG Z, ZHAO W, GU X, 2014. Changes resulting from a land consolidation project (LCP) and its resource - environment effects: A case study in Tianmen City of Hubei Province, China[J]. Land Use Policy, 40(1): 74–82.

中文参考文献

白景锋,2010.跨流域调水水源地生态补偿测算与分配研究——以南水北调中线河南水源区为例[J].经济地理,30(4):657-661.

北斗学习网,(2011-12-21).中国气候类型分布[EB/OL].[2013-03-26].http://www.beidoustudy.com/html/ztt_1270_407.html.

毕君,王超,2011.木兰围场森林固碳能力及其特征[J].东北林业大学学报,39(2):45-46.

蔡银莺,张安录,2011.武汉城乡人群对农田生态补偿标准的意愿分析[J].中国环境科学,31(1):170-176.

蔡志坚,2005.森林碳补偿贸易市场及其在中国发展的相关问题研究[J].世界林业研究,18(4):7-10.

曹吉鑫,2011.北京北部山区不同林龄的油松和侧柏人工林碳库研究[D].北京:北京林业大学.

查同刚,张志强,朱金兆,等,2008.森林生态系统碳蓄积与碳循环[J].中国水土保持科学,6(6):112-119.

常宗强,冯起,司建华,等,2008.祁连山不同植被类型土壤碳贮量和碳通量[J].生态学杂志,27(5):681-688.

陈泮勤,黄耀,于贵瑞,2004.地球系统碳循环[M].北京:科学出版社.

陈钦,2006.公益林生态补偿研究[M].北京:中国林业出版社.

陈喜红,吴金明,2004.解决环境外部性问题的两种手段[J].统计与决策(8):104-105.

陈晓鹏,尚占环,2011.中国草地生态系统碳循环研究进展[J].中国草地学报,33(4):99-110.

程鹏飞,王金亮,王雪梅,等,2011.基于样地调查的香格里拉县森林生态系
统碳储量与碳密度初步研究[J].林业调查规划,36(4):12-15.

揣小伟,黄贤金,郑泽庆,等,2011a.江苏省土地利用变化对陆地生态系统碳
储量的影响[J].资源科学,33(10):1932-1939.

揣小伟,黄贤金,赖力,等,2011b.基于GIS的土壤有机碳储量核算及其对土
地利用变化的响应[J].农业工程学报,27(9):1-6.

代光银,2009.土地开发整理对区域土壤生态系统服务价值的影响研究[D].
成都:四川农业大学.

戴其文,赵雪雁,2010.生态补偿机制中若干关键科学问题——以甘南藏族
自治州草地生态系统为例[J].地理学报,65(4):494-506.

党淑英,薛东前,2007.陕西省土地开发整理与生态环境效应研究[J].河北师
范大学学报(自然科学版),31(4):544-548.

邓华平,李树战,何明山,等,2011.豫南不同年龄杉木林生态系统碳贮量及
其空间动态特征[J].中南林业科技大学学报,31(8):83-90.

丁四保,2009.主体功能区的生态补偿研究[M].北京:科学出版社.

丁扬,2008.苏北杨树人工林生物量与碳贮量的研究[D].南京:南京林业
大学.

丁越岿,2011.毛乌素沙地不同植被类型土壤有机碳库研究[D].呼和浩特:
内蒙古大学.

杜玉海,陶遵丽,2004.黄河口三角洲土地开发途径刍议[J].山东国土资源,
20(6):40-42.

范秀成,郑秋莹,姚唐,等,2009.顾客满意带来什么忠诚?[J].管理世界(2):
83-91.

方斌,杨叶,雷广海,2010.基于幕景分析法的土地开发整理规划环境影响评
价——以江苏省涟水县为例[J].地理研究,29(10):1853-1862.

方精云,郭兆迪,朴世龙,等,2007.1981~2000年中国陆地植被碳汇的估算
[J].中国科学.D辑:地球科学,37(6):804-812.

方精云,刘国华,朱彪,等,2006.北京东灵山三种温带森林生态系统的碳循

环[J]. 中国科学.D辑:地球科学,36(6):533–543.

冯明,任华勇,2010. 组织研究中的元分析方法:改善其效度的视角[J].科学决策(5):29–34.

付光辉,2007. 土地整理生态风险评价研究[D]. 南京:南京农业大学.

付光辉,刘友兆,2007. 土地开发整理项目规划设计中引入生态风险评价的思考[J].广东土地科学(2):19–22.

高建峰,潘剑君,刘绍贵,等,2011. 土地利用变化对吴江市水田土壤有机碳储量的影响分析[J].地球信息科学学报,13(2):164–169.

高向军,2003. 土地开发整理理论与实践[M].北京:地质出版社.

葛玺祖,岳西杰,孙汉印,等,2012. 农田和果园土壤有机碳氧化稳定性和储量差异[J].土壤通报,43(1):81–86.

耿元波,董云社,孟维奇,2000. 陆地碳循环研究进展[J].地理科学进展,19(4):297–306.

公衍照,吴宗杰,2012. 论温室气体减排中的碳补偿[J].山东理工大学学报(社会科学版)(1):5–10.

谷家川,查良松,2012. 皖江城市带农作物碳储量动态变化研究[J].长江流域资源与环境,21(12):1507–1513.

郭贝贝,金晓斌,林忆南,等,2015. 基于生态流方法的土地整治项目对农田生态系统的影响研究[J].生态学报,35(23):7669–7681.

郭明,2007. 西北干旱区土地利用土地覆被变化及其对土壤有机碳影响的Meta分析[D].兰州:中国科学院寒区旱区环境与工程研究所.

郭明,李新,2009. Meta分析及其在生态环境领域研究中的应用[J].中国沙漠,29(5):911–919.

郭倩倩,贺康宁,刘硕,等,2011. 青海省大通县青海云杉林碳储量初步估算[J].西北林学院学报,26(6):51–55.

郭晓辉,顿耀龙,薄广涛,等,2015. 平原区土地整理项目的碳排放效应研究——以河北省巨鹿县土地整理项目为例[J].水土保持研究,22(3):241–246.

郭云开,2008. 土地开发整理工程的遥感评价方法研究与应用[D].长沙:中南大学.

郝佳,2012. 宁夏六盘山华北落叶松人工林密度对多功能的影响[D]. 北京：中国林业科学研究院.

何亚龙,2011. 黄土高原退耕地土壤水分养分与碳密度的研究[D]. 杨凌：西北农林科技大学.

洪雪姣,2012. 大、小兴安岭主要森林群落类型土壤有机碳密度及影响因子的研究[D]. 哈尔滨：东北林业大学.

华颖,王子芳,高明,等,2014. 土地整理对土壤有效态微量元素的影响[J]. 水土保持学报,28(5):253-257.

环境科学大辞典编委会,1991. 环境科学大辞典[M]. 北京：中国环境科学出版社:326.

黄从德,2008. 四川森林生态系统碳储量及其空间分异特征[D]. 成都：四川农业大学.

黄君,2011. 生态补偿机制的研究[D]. 上海：华东理工大学.

黄堃,(2011-12-05). 研究显示去年全球碳排放达100亿吨[EB/OL]. [2017-04-08]. http://news.cntv.cn/20111206/111892.shtml.

黄文清,2008. 西部地区"一退两还"后补偿机制研究[D]. 武汉：华中农业大学.

贾炜玮,李凤日,董利虎,等,2012. 基于相容性生物量模型的樟子松林碳密度与碳储量研究[J]. 北京林业大学学报,34(1):6-13.

姜炳三,1994. 丘陵山区土地开发的整体效应研究[J]. 生态经济(4):19-22.

姜广辉,张凤荣,徐艳,等,2007. 论北京市耕地后备资源的开发可行性[J]. 土壤通报,38(2):369-373.

姜宏瑶,2011. 中国湿地生态补偿机制研究[D]. 北京：北京林业大学.

姜新有,周江明,2012. 不同绿肥养分积累特点及地力培肥效果研究[J]. 浙江农业科学(1):45-47.

金京淑,2011. 中国农业生态补偿研究[D]. 长春：吉林大学.

金艳,2009. 多时空尺度的生态补偿量化研究[D]. 杭州：浙江大学.

雷广海,2009. 土地开发整理规划环境影响评价研究[D]. 南京：南京农业大学.

蕾切尔·卡逊,2004.寂静的春天[M].吕瑞兰,李长生,译.长春:吉林人民出版社.

黎帮华,邱道持,张传华,等,2006.三峡库区生态环境与土地开发整理研究[J].安徽农业科学,34(9):1950-1951.

李典友,2011.区域湿地和农田土壤有机碳变化研究[D].南京:南京农业大学.

李典友,潘根兴,2009.长江中下游地区湿地开垦及土壤有机碳含量变化——以长江中下游和安徽六安市为例[J].湿地科学,7(2):187-190.

李发东,赵广帅,李运生,等,2012.灌溉对农田土壤有机碳影响研究进展[J].生态环境学报(11):1905-1910.

李芬,陈红枫,2007.海南省森林生态补偿机制的社会经济影响分析[J].中国人口·资源与环境,17(6):113-118.

李静鹏,徐明锋,苏志尧,等,2013.小尺度林分碳密度与碳储量研究[J].华南农业大学学报,34(2):213-218.

李娟,胡振琪,2008.矿山开采生态补偿监管机制的博弈分析及政策建议[J].生态经济:学术版(1):265-267.

李文华,李芬,李世东,等,2006.森林生态效益补偿的研究现状与展望[J].自然资源学报,21(5):677-688.

李月梅,2010.青海高寒农区不同土地利用方式下土壤有机碳含量变化研究[J].安徽农业科学,11(10):5191-5193.

李月梅,曹广民,王跃思,2006.开垦对海北高寒草甸土壤有机碳的影响[J].生态学杂志,25(8):911-915.

李正才,傅懋毅,徐德应,等,2006.农田营造早竹林后土壤有机碳的变化[J].林业科学研究,19(6):773-777.

李忠,孙波,林心雄,2001.我国东部土壤有机碳的密度及转化的控制因素[J].地理科学,21(4):301-307.

梁斌,周建斌,杨学云,等,2009.不同培肥措施下种植制度及撂荒对土壤微生物量碳氮的影响[J].中国生态农业学报,17(2):209-214.

梁留科,2002.中德土地生态利用比较研究及其案例分析[D].杭州:浙江大学.

梁颖,耿槟,鲍海君,2016.生态型土地整治工程对土壤固碳能力的影响研究[J].上海国土资源,37(2):5-8.

廖婧琳,苏跃,李航,等,2009.喀斯特山区不同复种指数条件下的土壤质量变化——以普定县猫洞小流域为例[J].中国岩溶,28(3):308-312.

林凡,李典友,潘根兴,等,2008.皖江自然湿地土壤碳密度及其开垦为农田后的变化[J].湿地科学,6(2):192-197.

林伟,2010.井冈山森林生态系统植被碳密度研究[D].南昌:南昌大学.

刘画洁,2012.个人碳中和法律制度的环境正义问题探究[J].山东社会科学(9):109-112.

刘慧,成升魁,张雷,2002.人类经济活动影响碳排放的国际研究动态[J].地理科学进展,21(5):420-429.

刘慧屿,2011.辽宁省农田土壤有机碳动态变化及固碳潜力估算[D].沈阳:沈阳农业大学.

刘晓辉,吕宪国,2008.三江平原湿地生态系统固碳功能及其价值评估[J].湿地科学,6(2):212-217.

刘彦随,2011.科学推进中国农村土地整治战略[J].中国土地科学,25(4):3-8.

卢洁,2010.矿业开发生态补偿法律制度研究[D].赣州:江西理工大学.

罗怀良,2009.川中丘陵地区近55年来农田生态系统植被碳储量动态研究——以四川省盐亭县为例[J].自然资源学报,24(2):251-258.

罗怀良,王慧萍,陈浩,2010.川中丘陵地区近25年来农田土壤有机碳密度变化——以四川省盐亭县为例[J].山地学报,28(2):212-217.

罗怀良,袁道先,陈浩,2008.南川市三泉镇岩溶区农田生态系统有机碳密度[J].生态环境,17(5):2014-2018.

罗明,郭义强,曹湘潭,2015.低碳土地整治:打造生态文明建设新平台——以湖南省长沙县低碳土地整治示范项目为例[J].中国土地(4):6-9.

罗明,张惠远,2002.土地整理及其生态环境影响综述[J].资源科学,24(2):60-63.

罗文斌,吴次芳,2014.农村土地整理项目绩效评价及影响因素定量分析[J].农业工程学报,30(22):273-281.

马明,2009.秦岭火地塘林区几种主要天然林碳素空间分布规律的研究[D].杨凌:西北农林科技大学.

马明东,江洪,罗承德,等,2007.四川西北部亚高山云杉天然林生态系统碳密度、净生产量和碳贮量的初步研究[J].植物生态学报,31(2):305-312.

孟莹,2012.小流域尺度下土壤有机碳储量估算与空间分布特征研究[D].武汉:华中农业大学.

钱逸凡,伊力塔,斜培民,等,2012.浙江缙云公益林生物量及固碳释氧效益[J].浙江农林大学学报,29(2):257-264.

秦格,2011.生态环境损失预测及补偿机制—基于煤炭矿区的研究[M].北京:中国经济出版社.

秦伟,朱清科,赖亚飞,2008.退耕还林工程生态价值评估与补偿——以陕西省吴起县为例[J].北京林业大学学报,30(5):159-164.

秦艳红,康慕谊,2006.退耕还林(草)的生态补偿机制完善研究——以西部黄土高原地区为例[J].中国人口·资源与环境,16(4):28-32.

屈云,何俐,刘鸣,2003.Cochrane系统评价的基本方法[J].中国临床康复,7(4):532-533.

任勇,冯东方,俞海,2008.中国生态补偿理论与政策框架设计[M].北京:中国环境科学出版社:24.

《上海国土资源》编辑部,2012.我国土地整治的实践创新与理论进步——国土资源部土地整治中心副主任郧文聚研究员接受本刊专访[J].上海国土资源,33(4):1-6.

石聪,2012.徐州侧柏人工林生态系统碳储量影响因素研究[D].南京:南京林业大学.

史淑娟,2010.大型跨流域调水水源区生态补偿研究——以南水北调中线陕西水源区为例[D].西安:西安理工大学.

苏阿兰,2011.福建省毛竹林生态系统碳汇量时空变化特征分析[D].福州:

福建农林大学.

苏广达,1979.甘蔗与水分[J].甘蔗糖业(10):26-29.

谭梦,黄贤金,钟太洋,等,2011.土地整理对农田土壤碳含量的影响[J].农业工程学报,27(8):324-329.

谭志海,2009.土地开发整理对湘南农村环境的影响研究[D].长沙:湖南大学.

汤洁,张楠,李昭阳,等,2011.吉林西部不同土地利用类型的土壤有机碳垂向分布和碳密度[J].吉林大学学报(地球科学版),41(4):1151-1156.

田大伦,尹刚强,方晰,等,2010.湖南会同不同退耕还林模式初期碳密度、碳贮量及其空间分布特征[J].生态学报,30(22):6297-6308.

田杰,于大炮,周莉,等,2012.辽东山区典型森林生态系统碳密度[J].生态学杂志,31(11):2723-2729.

田素锋,胡金叶,杨保才,2004.浅析黄河三角洲地区土地开发整理中的农业生态环境保护问题[J].中国环境管理干部学院学报,14(3):58-61.

万运帆,李玉娥,高清竹,等,2009.田间管理对华北平原冬小麦产量土壤碳及温室气体排放的影响[J].农业环境科学学报,28(12):2495-2500.

王瑗玲,赵庚星,王庆芳,等,2011.丘陵区土地整理对土壤理化性状的影响[J].农业工程学报,27(9):311-315.

王兵,魏文俊,2007.江西省森林碳储量与碳密度研究[J].江西科学,25(6):681-687.

王超,2011.黄土高原不同林龄毛白杨人工林碳密度研究[D].杨凌:西北农林科技大学.

王春梅,刘艳红,邵彬,等,2007.量化退耕还林后土壤碳变化[J].北京林业大学学报,29(3):112-119.

王丹丹,2011.土地资源生态补偿法律制度研究[D].太原:山西财经大学.

王海稳,2007.太行山区不同土地利用方式下生态系统碳贮量研究[D].保定:河北农业大学.

王金南,万军,张惠远,2006.关于我国生态补偿机制与政策的几点认识[J].环境保护(19):24-28.

王晶,宋万坤,张闻博,等,2009.大豆昆虫抗性相关QTLs的元分析[J].遗传,31(9):953-961.

王蕾,苏杨,崔国发,2011.自然保护区生态补偿定量方案研究——基于"虚拟地"计算方法[J].自然资源学报,26(1):34-47.

王琳飞,王国兵,沈玉娟,等,2010.国际碳汇市场的补偿标准体系及我国林业碳汇项目实践进展[J].南京林业大学学报(自然科学版),34(5):120-124.

王琳玥,2007.中国生态补偿制度的法律探究[D].杨凌:西北农林科技大学.

王女杰,刘建,吴大千,等,2010.基于生态系统服务价值的区域生态补偿——以山东省为例[J].生态学报,30(23):6646-6653.

王小彬,王燕,代快,等,2011.旱地农田不同耕作系统的能量/碳平衡[J].生态学报,31(16):4638-4652.

王效科,冯宗炜,欧阳志云,2001.中国森林生态系统的植物碳储量和碳密度研究[J].应用生态学报,12(1):13-16.

王秀茹,韩兴,朱国平,等,2004.关于土地开发整理与生态环境问题的分析[J].水土保持研究,11(3):151-153.

王旭东,张一平,吕家珑,等,2000.不同施肥条件对土壤有机质及胡敏酸特性的影响[J].中国农业科学,33(2):75-81.

王艳霞,2010.福建主要人工林生态系统碳贮量研究[D].福州:福建农林大学.

王昱,2009.区域生态补偿的基础理论与实践问题研究[D].长春:东北师范大学.

魏文俊,王兵,郭浩,2008.基于森林资源清查的江西省森林贮碳功能研究[J].气象与减灾研究,31(4):18-23.

魏文俊,尤文忠,张慧东,等,2011.辽宁省落叶松人工林生物量碳库特征[J].东北林业大学学报,39(6):26-29.

魏小波,何文清,黎晓峰,等,2010.农田土壤有机碳固定机制及其影响因子研究进展[J].中国农业气象,31(4):487-494.

魏秀菊,胡振琪,何蔓,2005.土地整理可能引发的生态环境问题及宏观管理对策[J].农业工程学报,21(S1):127-130.

魏艳敏,2010.荒漠环境规模化人工杨树林生物量和碳储量研究[D].乌鲁木齐:新疆大学.

文仕知,田大伦,杨丽丽,等,2010.桤木人工林的碳密度、碳库及碳吸存特征[J].林业科学,46(6):15-21.

文云朝,1983.非洲热带森林地区的土地开发与环境保护[J].自然资源(3):70-75.

吴宝祥,吴洪红,2009.耕地地力培肥与测土配方施肥技术[J].现代农业科技(21):235.

吴次芳,费罗成,叶艳妹,2011.土地整治发展的理论视野、理性范式和战略路径[J].经济地理,31(10):1718-1722.

吴飞,李闽,陈江龙,等,2004.土地开发整理投资估算分析方法探析——以江苏省为例[J].土壤,36(4):359-364.

吴风华,陈光照,杨久东,2010.土地整理中基于图形通达性的田间道路规划设计[J].地理空间信息,8(6):19-21.

吴建国,张小全,徐德应,2004.土地利用变化对土壤有机碳贮量的影响[J].应用生态学报,15(4):593-599.

吴晓成,2009.新疆额尔齐斯河天然杨柳林生产力与碳密度的研究[D].呼和浩特:内蒙古农业大学.

吴仲民,李意德,曾庆波,等,1998.尖峰岭热带山地雨林C素库及皆伐影响的初步研究[J].应用生态学报,9(4):341-344.

武曙红,张小全,宋维明,2009.国际自愿碳汇市场的补偿标准[J].林业科学,45(3):134-139.

肖胜生,董云社,齐玉春,等,2009.草地生态系统土壤有机碳库对人为干扰和全球变化的响应研究进展[J].地球科学进展,24(10):1138-1148.

谢高地,甄霖,鲁春霞,等,2008.生态系统服务的供给、消费和价值化[J].资源科学,30(1):93-99.

谢光辉,王晓玉,韩东倩,等,2011a.中国非禾谷类大田作物收获指数和秸秆系数[J].中国农业大学学报,16(1):9-17.

谢光辉,韩东倩,王晓玉,等,2011b.中国禾谷类大田作物收获指数和秸秆系数[J].中国农业大学学报,16(1):1-8.

谢新玲,杜占芬,2002.浅谈培肥地力[J].河北农业(10):21.

邢乐杰,2008.三峡库区森林生态系统有机碳储量研究[D].武汉:华中农业大学.

熊焰,2010."碳补偿"先于"碳配额"[J].新理财(政府理财)(9):36-37.

徐敏云,李培广,谢帆,等,2011.土地利用和管理方式对农牧交错带土壤碳密度的影响[J].农业工程学报,27(7):320-325.

徐素娟,刘景双,王洋,等,2011.1980~2007年三江平原主要农作物碳蓄积量变化特征分析[J].干旱区资源与环境,25(10):179-183.

许雯,2011.江淮丘陵区马尾松林碳密度和碳储量研究[D].南京:南京林业大学.

杨景成,韩兴国,黄建辉,等,2003a.土地利用变化对陆地生态系统碳贮量的影响[J].应用生态学报,14(8):1385-1390.

杨景成,韩兴国,黄建辉,等,2003b.土壤有机质对农田管理措施的动态响应[J].生态学报,23(4):787-796.

杨丽霞,潘剑君,苑韶峰,2004.黎平县森林土壤分解过程中有机碳的动态变化[J].水土保持学报,18(6):71-73.

杨尚斌,温仲明,张佳,2010.基于自然植被的延河流域农田生态系统土壤固碳潜力评估[J].干旱地区农业研究,28(5):211-217.

杨晓菲,鲁绍伟,饶良懿,等,2011.中国森林生态系统碳储量及其影响因素研究进展[J].西北林学院学报,26(3):73-78.

杨晓梅,2010.子午岭天然柴松林碳储量与碳密度研究[D].杨凌:中国科学院研究生院(教育部水土保持与生态环境研究中心).

杨晓艳,朱德举,郧文聚,等,2005.土地开发整理对区域景观格局的影响[J].农业工程学报,21(9):67-71.

姚念深,郭义强,付梅臣,2017.基于农田整理工程的碳减排估算与分析[J].江西农业大学学报,39(1):190-197.

叶晶,何立平,李东宾,等,2016.土地整理对土壤微生物群落多样性的影响

[J]. 应用生态学报, 27(4): 1265-1270.

叶艳妹, 吴次芳, 2002. 土地整理对土壤性状的影响及其重建技术和工艺研究[J]. 浙江大学学报(农业与生命科学版), 28(3): 34-38.

叶艳妹, 吴次芳, 黄鸿鸿, 2001. 农地整理工程对农田生态的影响及其生态环境保育型模式设计[J]. 农业工程学报, 17(5): 167-171.

叶艳妹, 吴次芳, 俞婧, 2011a. 农地整理中灌排沟渠生态化设计[J]. 农业工程学报, 27(10): 148-153.

叶艳妹, 吴次芳, 俞婧, 2011b. 农地整理中路沟渠生态化设计研究进展[J]. 应用生态学报, 22(7): 1931-1938.

尤孟阳, 李海波, 韩晓增, 2010. 土地利用变化与长期施肥对黑土有机碳密度的影响[J]. 水土保持学报, 24(2): 155-159.

游和远, 吴次芳, 2010. 土地利用的碳排放效率及其低碳优化——基于能源消耗的视角[J]. 自然资源学报, 25(11): 1875-1886.

于娜, 2008. 土地开发整理生态效益评价研究——以江苏省大丰市为例[D]. 南京: 南京农业大学.

张国盛, 黄高宝, 2005. 农田土壤有机碳固定潜力研究进展[J]. 生态学报, 25(2): 351-357.

张慧, 2011. 农业土地利用方式变化的固碳减排潜力分析——以惠州市上沙田村为例[D]. 重庆: 西南大学.

张剑, 罗贵生, 王小国, 等, 2009. 长江上游地区农作物碳储量估算及固碳潜力分析[J]. 西南农业学报, 22(2): 402-408.

张军华, 2010. 幸福感城乡差异的元分析[J]. 社会, 30(2): 144-155.

张梅, 赖力, 黄贤金, 等, 2013. 中国区域土地利用类型转变的碳排放强度研究[J]. 资源科学, 35(4): 792-799.

张明园, 魏燕华, 孔凡磊, 等, 2012. 耕作方式对华北农田土壤有机碳储量及温室气体排放的影响[J]. 农业工程学报, 28(6): 203-209.

张萍, 2009. 北京森林碳储量研究[D]. 北京: 北京林业大学.

张全智, 2010. 东北六种温带森林碳密度和固碳能力[D]. 哈尔滨: 东北林业大学.

张仕超,尚慧,修维宁,等,2010.农村田间道路工程对局地土地利用景观格局的影响[J].西南大学学报(自然科学版),32(11):89-97.

张庶,金晓斌,杨绪红,等,2016.农用地整治项目的碳效应分析与核算研究[J].资源科学,38(1):93-101.

张田田,马履一,贾忠奎,等,2012.华北落叶松幼中龄林的生物量与碳汇功能[J].东北林业大学学报,40(12):32-35.

张文菊,童成立,吴金水,等,2007.典型湿地生态系统碳循环模拟与预测[J].环境科学,28(9):1905-1911.

张晓伟,许明祥,师晨迪,等,2012.半干旱区县域农田土壤有机碳固存速率及其影响因素——以甘肃庄浪县为例[J].植物营养与肥料学报,18(5):1086-1095.

张兴锐,许中旗,纪晓林,等,2010.燕山北部山地典型植物群落土壤有机碳贮量及其分布特征[J].水土保持学报,24(1):186-190.

张兴榆,黄贤金,赵小风,等,2009.环太湖地区土地利用变化对植被碳储量的影响[J].自然资源学报,24(8):1343-1353.

张旭辉,2005.农业土壤有机碳库的变化与土壤升温对水稻土有机碳矿化和CO_2排放的影响[D].南京:南京农业大学.

张翼,樊耘,赵菁,2009.国外管理学研究中的元分析评介[J].外国经济与管理,31(7):1-8.

张贞,高金权,杨威,等,2010.土地整理工程影响下农业生态系统服务价值的变化[J].应用生态学报,21(3):723-733.

张志云,郭正福,2010.生态公益林补偿标准的确定[J].亚热带资源与环境学报,5(3):19-25.

张中秋,胡宝清,韦金洪,2016.基于能源与工料消耗的土地整治项目碳排放与碳足迹[J].湖北农业科学,55(7):1867-1872.

赵栋,马旭,2012.江苏省杨树林碳储量及碳密度研究[J].吉林农业:学术版(5):139-140.

赵莉敏,2008.太湖地区水稻土有机碳空间分异及其影响因素的研究[D].南京:南京农业大学.

赵敏,周广胜,2004.中国森林生态系统的植物碳贮量及其影响因子分析[J].地理科学,24(1):50-54.

赵荣钦,黄爱民,秦明周,等,2004.中国农田生态系统碳增汇/减排技术研究进展[J].河南大学学报(自然科学版),34(1):60-65.

赵荣钦,黄贤金,2010.基于能源消费的江苏省土地利用碳排放与碳足迹[J].地理研究,29(9):1639-1649.

甄霖,闵庆文,李文华,等,2006.海南省自然保护区生态补偿机制初探[J].资源科学,28(6):10-19.

郑中兵,王旭,周兆德,等,2010.海南儋州橡胶林生态系统碳贮量及分布规律研究[J].热带农业工程,34(2):45-50.

中国生态补偿机制与政策研究课题组,2007.中国生态补偿机制与政策研究[M].北京:科学出版社.

钟学斌,喻光明,何国松,等,2006.土地整理过程中碳量损失与生态补偿优化设计[J].生态学杂志,25(3):303-308.

周琦全,2012.永春牛姆林自然保护区马尾松林生物量及碳储量研究[D].福州:福建农林大学.

朱孟郡,严平,宋阳,等,2008.风蚀作用下农田土壤碳损失的估算[J].水土保持研究,15(1):226-228.

朱咏莉,韩建刚,吴金水,2004.农业管理措施对土壤有机碳动态变化的影响[J].土壤通报,35(5):648-651.

后　记

　　作为"生于农村、长于农村"的学子,每次寻找新的科研选题时,脑中都会不自觉地浮现故乡的景象。欣慰的是,国家也一直将"三农问题"作为政策核心,而其中的农村土地问题更是重中之重。当前,农村土地整治的规模之大、范围之广、影响之深,正成为农村生产、生活和生态空间重组的关键措施。为此,我选取农村土地整治作为研究领域,并尝试从多个视角加以反思。其中,农村土地整治造成的生态环境影响一直是学界研究的热点话题。大多数学者认为农村土地整治可能会造成水土流失、生物多样性减少、景观格局破坏等生态环境问题。在查阅了相关文献后,我发现农村土地整治的生态环境影响研究焦点并不是一成不变的,而是随着生态观念的更新而延伸,正呈现多元化格局。那么,在全球"固碳减排"的新理念下,固碳服务成为了不可忽视的生态系统服务,农村土地整治是否会对其造成影响呢? 为此,我以农村土地整治中生态环境破坏最典型的林地开发耕地项目为例,探讨其造成的固碳服务影响,并完成了博士论文《林地开发耕地过程中碳损失、碳减缓及碳补偿研究》。

　　在完成了林地开发耕地项目的碳效应研究后,我进一步延伸思考:虽然林地开发耕地会造成碳损失,但其他土地整治类型是否也会对其产生影响呢? 农村土地整治有可能造成碳固定吗? 如果有正向影响、负向影响的区别,那是否可以从管理政策角度来加以调控呢? 现有农村土地整治政策是否有改进的可能性呢? 据此,我将研究主题扩展到农村土地整治的整个内涵体系,并据此申请了安徽师范大学人才培育基金"基于碳库平衡的土地整治碳补偿政策设计研究(2013rcpy37)"(已结题)和安徽师范大学学术著作出版基金"农村土地整治的碳减缓与碳补偿研究(2017XJJ86)"。

本书是安徽师范大学学术著作出版基金"农村土地整治的碳减缓与碳补偿研究(2017XJJ86)"的结项成果。考虑到先有农村土地整治的"碳效应",才能自然而然地引出后续的"碳减缓"和"碳补偿"等应对路径,遂我将本书的题名改为"农村土地整治的碳效应及其应对路径研究",从而使逻辑框架更为清晰明了。

本书虽由我选题、撰写、定稿,却受益于多方。在选题时,我的导师浙江大学吴次芳教授给了我极大帮助。先生曾说:对于博士生的学术研究,只知道选题是否合适,至于研究过程、研究结果均无法提前预知。"授人以鱼,不如授人以渔。"先生不仅传授前沿的热点知识,更言传身教地指导学生如何锻炼学术思维,如何寻找学术敏感点。正是在先生的启发式教育下,我不断地尝试寻找选题,并最终找到土地问题和全球气候变化问题两大热点的交叉点。当时,我的选题还不够成熟,但先生仍然加以鼓励、帮助和支持,促使我完成了初步研究。先生的学术思维对我的影响至深,是我一辈子的宝贵财富。

在撰写过程中,长兴县国土资源局的多位领导给予了我很大的支持,为研究提供了案例资料;多位共同求学的同门给予了我很大的帮助,引导我走出研究的迷思。在定稿和出版过程中,安徽师范大学国土资源与旅游学院、安徽师范大学出版社等单位的多位领导给予了我多方面的关心帮助,不仅通过学科建设经费、出版基金资助了本书的出版,还提供了其他各种便利,在此致以衷心谢忱。值此付梓之际,谨向直接或间接支持工作的领导、导师、同门、朋友和亲人致以深深的谢意。

在写作过程中,我阅读、参考、引用了不少学者的研究成果,并于文后列出了参考文献,衷心感谢各参考文献的作者。写作中可能会有疏漏的文献,敬请文献作者谅解、包容和宽恕。

由于水平有限,而农村土地整治类型多样复杂,固碳服务又难以精准估算,不当之处肯定不少,真诚地欢迎广大读者不吝赐教。

费罗成

2017年6月6日